Ottokar Domma sen.

Ottokar und die neuen Deutschen

Ottokar Domma sen.

Ottokar und die neuen Deutschen

Reiher Verlag

Domma sen., Ottokar : und die neuen Deutschen / Ottokar Domma sen. – Berlin : Reiher Verl. GmbH, 1991. – 155 S. : 8 Vign. (Reiher-Humor)

Mit 8 Vignetten von Manfred Bofinger

ISBN 3-910163-25-4

Typographie: Michaela Barthel
Einband: Eckart Steiner unter Verwendung einer Illustration von Manfred Bofinger
Printed in Germany
Gesamtherstellung:
Offizin Andersen Nexö Leipzig GmbH,
Graphischer Großbetrieb

Lachen und Lächeln
sind Tore und Pforten,
durch die viel Gutes
in den Menschen
hineinhuschen kann

Christian Morgenstern

Vati, warum gibt es keine Scheuermänner?

Mein Sohn Ottokar ist im Begriff, die Schwelle der vollen Kindheit erfolgreich zu überschreiten. Er beginnt, hintergründige Fragen zu stellen, die Erwachsene nicht selten in Verlegenheit bringen.

Als er neulich den längst fälligen Schulaufsatz über die Gleichberechtigung der Frau konzipierte, fragte er scheinbar beiläufig:

»Vati, warum gibt es eigentlich keine Scheuermänner?«

Zunächst war ich etwas verblüfft, zeigte aber zum Glück soviel Geistesgegenwart, dem Pfeilschuß geschickt auszuweichen, indem ich ihn altväterlich lobte: »Brav, mein Junge! Immer fragen, wenn du etwas nicht weißt. Wer fragt, gewinnt! Mach weiter so, ich gehe inzwischen die Kaninchen füttern.«

Als ich zurückkehrte, wog ich mich in der trügerischen Hoffnung, mein Sprößling würde die Frage vergessen haben. Statt dessen empfing er mich ungerührt:

»Nun, Papa, hast du dir inzwischen überlegt, weshalb es nur Scheuerfrauen und keine Scheuermänner gibt?«

In solchen Fällen zünde man sich am besten seine Tabakspfeife an, sofern man eine besitzt, sage beziehungsreich »hm« und gebe dann möglichst überlegen zu verstehen: »Ich hätte nicht gedacht, daß mein Sohn auf diese simple Frage keine Antwort weiß. Anscheinend lernt ihr in der Schule zuwenig.«

Die sanfte Zurechtweisung verfehlte ihre Wirkung nicht. Ottokar blätterte mit rotem Kopf in einem

Bücherstapel, verglich Notizen mit Originalzitaten, grübelte gedankenschwer und meinte schließlich in leicht resignierendem Ton:

»Komisch! In der Gentilverfassung ist von Scheuerfrauen noch nicht die Rede. Auch nicht in der Antike. Im ersten Gesang Homers ›Odysee‹ jagt zwar Telemach seine Mutter Penelope mit den Worten ins Haus: ›Gehe nun heim, besorge deine Geschäfte, Spindel und Webstuhl, und treib an beschiedener Arbeit deine Mägde zum Fleiß!‹ Kein Wort von Scheuerfrauen! Nach Engels ›Ursprung der Familie, des Privateigentums und des Staates‹ wird die ökonomische Abhängigkeit und Ausbeutung der Frau nur allgemein, nicht aber die der Scheuerfrau im besonderen nachgewiesen. In der kleinen Enyzklopädie ›Die Frau‹ sind einige hundert Frauenberufe aufgeführt – ohne Scheuerfrauen! Von Scheuermännern ganz zu schweigen.

Du kannst sagen, was du willst, Vater, hier ist eine Lücke in der Historie. Denn objektiv müßten Scheuerfrauen existieren, wenn der Begriff allgemein bekannt ist.«

Ich nickte ermunternd und paffte nach jedem seiner Sätze mächtige Rauchwolken, um mein angestrengt nachdenkliches Antlitz etwas zu verhüllen. Glücklicherweise fiel mir ein Gedicht meiner Kindheit ein, das ich erfreut, gleich dem rettenden Strohhalm, in die Debatte warf: »Und was sagst du zur ›Alten Waschfrau‹?«

»Du meinst die von Chamisso?« entgegnete mein Sohn schlagfertig. »Zugegeben, ein Fakt, aber kein Beweis. Und überdies: Spätromantik, bürgerlich-progressiv, Sympathie und Mitleid... Doch wenn du willst, müßte man auch hier fragen: Warum gibt es keine Waschmänner?«

»Ottokar, Ottokar«, sagte ich tadelnd, um mir nicht anmerken zu lassen, wie sehr mich der Bengel in die Zwickmühle nahm.

Ottokar mochte ahnen, daß infolge Ansammlung sauerer Stoffwechselprodukte in den Nervenzellen meine geistigen Kräfte erlahmten. Deshalb stand er auf, sah mich unverwandt an und raunte mit listigem Augenzwinkern: »Sag mal, alter Herr, hältst du es für möglich, daß auch Männer gelegentlich zu Besen und Scheuerlappen greifen?«

»Immer langsam und nicht so primitiv«, rügte ich, nur um etwas zu sagen, vor allem, um Zeit zu gewinnen. »Soviel ich weiß, fragtest du mich, warum es keine Scheuermänner gibt. Die Historie nebst einschlägiger Literatur gibt darauf – wie du ganz richtig bemerktest – keine eindeutige Antwort, woraus man schließen kann ... na bitte, was kann man daraus schließen?«

Noch nie habe ich den schrillen Schrei des Telefons so inbrünstig begrüßt wie in diesem Augenblick.

Mit der Ausrede, ein unaufschiebbares Vorhaben erledigen zu wollen, sagte ich entschuldigend zu meinem wißbegierigen Sprößling: »Ich muß jetzt leider Dringlicheres tun, wir sprechen morgen darüber weiter.«

Am nächsten Tag erkundigte ich mich eilig bei zuständiger Stelle, ob es den Beruf Scheuerfrau gebe und ob in der Perspektive eventuell damit zu rechnen sei, daß auch Männer im Zuge der Gleichberechtigung...

Der Herr vom Amt unterbrach mich höflich, doch bestimmt: »Ich weiß schon, was Sie sagen wollen. Ihre Fragestellung beweist, daß Sie die Frau immer noch als Objekt niedrigster Tätigkeit betrachten. Sonst hätten Sie längst merken müssen, daß es den

Beruf »Scheuerfrau« gar nicht mehr gibt. Die Berufssparte ist unter der Bezeichnung ›Raumpflegerin‹ zu finden. Wie war doch gleich Ihr Name . . . ?«

»Siehst du, Vati«, sagte mein Junge beim Abendbrot, »so einfach ist das zu beantworten. Und wir zergrübeln uns den Kopf darüber, wie dumm! Demnach muß es auch Raumpfleger geben, das klingt nicht so herabwürdigend. Darum gibt es auch keine Ausbeuter und Ausgebeutete mehr, sondern Arbeitgeber und Arbeitnehmer. Und vielleicht ist bald damit zu rechnen, daß man die Arbeitslosen Arbeitsaspiranten nennt. Das hört sich doch viel freundlicher an.«

Woher der Junge nur diese Ideen hat?! Doch nicht von mir!

Stunde der Aufklärung

»Reomier«, schrillte meine Frau mit vibrierender Stimme, »es ist an der Zeit, daß du endlich *deinen* Sohn Lucas über gewisse Dinge aufklärst. Ich habe in seinen Sachen ein ausgeschnittenes Foto gefunden, das wirklich nicht in Kinderhände gehört. Du solltest auch nicht dauernd dein Gesundheits-Magazin so offen rumliegen lassen.«

»Mein Gott, liebste Almuth«, entgegnete ich, »die harmlosen Brüstchen und Popochen werden seinen Charakter schon nicht gleich verderben. Aber wenn du meinst, es sei an der Zeit – bitte, bitte! Übrigens ist Lucas auch *dein* Sohn, und wie mir scheint, haben wir beide eine Verpflichtung, wenn ich mir diese Bemerkung erlauben darf.«

Doch meine Frau erlaubte nicht. Sie belehrte mich, daß es seit Adams Zeiten Sache des Mannes sei, die Söhne aufzuklären, wogegen die Mütter vornehmlich ihre Töchter in die Geheimnisse des Allzumenschlichen einzuweihen pflegen. Ich finde ungerecht, was Adam und Eva hier miteinander ausgemacht haben. Denn wer wie ich nur einen Sohn und keine Tochter hat, ist nicht zu beneiden. Aber was half mein Gezeter. Wo meine Frau recht hat, da hat sie recht. Und wenn sie es sich ertrotzt. Mit Hungerstreik: »Ich bekomme keinen Bissen runter, wenn ich daran denke, in welche Gefahr das Kind gerät. Aber geh vorsichtig, mit dem nötigen Takt zu Werk. Zieh einen ordentlichen Anzug an, das unterstreicht den Ernst der Stunde, und laß deinen Sohn spüren, daß du ihm etwas Besonderes zu sagen hast!«

Wir einigten uns gleich auf den nächsten Tag. Almuth versprach sogar Kuchen zu backen und den silbernen Kerzenständer in die Sitzecke zu stellen. Ich bat sie inständig, dem Sohn Lucas wenigstens zu sagen, er soll sich den Hals waschen.

Tags darauf staffierte ich mich aus, als müßte ich zur Bibelstunde bei Pastor Kröger. Ja, ich ging sogar eine Stunde früher als gewöhnlich nach Hause. Unterwegs fiel mir ein, daß es vielleicht nicht unpassend wäre, für eine gediegene musikalische Umrahmung zu sorgen. Lange wählte ich in Gedanken, ob ich den Florentiner Marsch nehme, den ich besonders gern mag, oder etwas von den neumodischen Singles, auf die Lucas steht. Meine Frau fand zumindest die Idee nicht schlecht, aber für den Ernst der Stunde käme nur das Largo von Händel in Frage. Das habe so etwas Getragenes, Besinnliches an sich.

Mein Groll gegen Adam und Eva wuchs, weil sie offenbar auch nur ernste Musik hörten. So sagte ich der lieben Ruhe wegen »na schön« und laß das Jungchen erst zu mir kommen, sobald die Aufklärungsmusik erklingt.

Als es soweit war und englische Waldhörner melancholisch den Raum füllten, öffnete sich die Tür. Mein Sohn stand einen Augenblick lang unschlüssig an der Schwelle, kam dann aber mit rätselhaftem Blick näher und fragte einfühlsam: »Is'n los? Warum hast du deinen Jugendweiheanzug an, Vata?«

»Setz dich«, sagte ich, mit dem Ausdruck eines Menschen, der gerade dabei ist, einen Kondolenzbesuch abzustatten. »Wir haben über etwas sehr, sehr Ernstes zu sprechen.« Aber zunächst schwiegen wir konstant, weil das Largo störte.

Eingedenk der Ermahnung, das Kind nicht gleich mit dem Bade auszuschütten, begann ich nach dem letzten Kratzer auf der Platte mit dunkler, schicksalsschwerer Stimme: »Mein Sohn Lucas, du bist nun schon 12 Jahre, und über ein kurzes oder auch langes wirst du dich mit Dingen beschäftigen, die gewissermaßen delikat und für dein zartes Alter eigentlich noch verfrüht sind; die unter Umständen die tiefsten Tiefen deiner Seele erschüttern könnten. Denn siehe, das Wertvollste, das der Mensch besitzt, ist sein Leben, welches voller Abgründe ist. Hast du mich verstanden?«

»Nee, Vata«, sagte mein Sohn und ließ wieder seinen rätselhaften Blick auf mir ruhen. »Du redest wie Pastor Kröger, und blaß bist du auch. Ist dir nicht gut?«

»Ach was, ich hab mich noch nie so wohl gefühlt«, log ich nach Kräften und hatte das Empfinden, daß meine wohlüberlegte Einstimmung vielleicht doch nicht ganz gelungen war. Also schlug ich einen forscheren Ton an, wie es unter Männern üblich ist.

»Sieh mal, Junge, die Sache ist die und der Umstand

der, daß wir beide, du und ich, heute über Dinge sprechen müssen, die man gewissermaßen nur von Mann zu Mann bereden kann. Kapierste jetzt?!«

Das Antlitz meines Sohnes erhellte sich. Er feixte verständnisvoll und sagte: »Okay. Du bist wieder mal pleite mit deinem Taschengeld, und jetzt soll ich dir was vorschießen. Aber warum machst'n das so feierlich, mit Trauermusik und Kerzenständer und so? Na los, wieviel?«

Ich muß zugeben, daß mich der kumpelhafte Ton und Vorschlag beinah aus der Fassung brachte. Am liebsten hätte ich dem Bengel eine runtergehauen, was ich natürlich aus pädagogischen Gründen unterließ. Außerdem soll man einen aufklärenden Vortrag nicht mit Ohrfeigen einleiten. Ginge wahrscheinlich effektvoll daneben.

Ich versuchte es also noch einmal mit der festen Absicht, ganz, ganz deutlich zu werden. »Was du denkst, ist nicht«, antwortete ich betont heiter. »Behalte nur dein Spargeld. Du wirst es später brauchen, zum Beispiel, wenn du verheiratet bist Und damit, mein Sohn, sind wir auch gleich beim richtigen Thema. Kurz und gut, mir geht es darum, daß du über alles, was mit dem Mannbarwerden zusammenhängt, Bescheid weißt und du dein junges Leben nicht einfach wie Perlen vor die Säue wirfst. Merkst du endlich, worauf ich hinaus will?«

»Ach soo, du hast was gemerkt?«

»Jawoll, ich hab was gemerkt, und zwar etwas sehr, sehr Unschönes!«

Er versuchte natürlich – typisch für die Jugend von heute – gleich zu bagatellisieren: »Aber Papa, die anderen machen's ja auch, und da konnte ich mich nicht ausschließen!«

»Schluß jetzt mit dem Versteckspielen! Schweig! Ich

weiß, was du sagen willst. Und in Zukunft, mein Lieber, sieh dich vor! Laß die Finger davon! Dafür bist du noch zu jung.«

Mir schien ein gestrenges Vaterwort hier angebracht. Wie leicht konnte es passieren, daß der Lehrer das ausgeschnittene Foto in einem der Hefte meines mißratenen Sohnes findet, und ich als Vater muß dann reumütig Rede und Antwort stehen. Eine scheußliche Situation für mich als Mitglied des Kirchenvorstandes.

Mein Sohn schien bedrückt und ehrlich zu bereuen. Ich konnte also mit dem Erfolg meiner ersten Aufklärungsstunde zufrieden sein und wollte abschließend schnell noch den Florentiner Marsch auflegen. Doch da traf mich plötzlich ein Geständnis meines Sohnes, das ich nicht erwartet hatte und das mich, der ich so mancherlei Höllen durchwanderte, sogar erröten machte.

»Papa«, sagte er, »du hast ja recht. Aber weißt du, die andern Jungen aus meiner Klasse hatten auch jeder eine mit, und sie sagten, einmal muß man's probieren. Und die Cordula Schubi sagte zu mir, du bist wohl feige, und da hab ich es eben gemacht, und mir ist ganz schlecht danach geworden. Glaub mir, Papa.«

»Junge«, rief ich voller Zorn und schüttelte ihn energisch, »jetzt aber raus mit der Sprache. Was habt ihr gemacht?!!«

»Na wir haben eine geraucht, und die Zigarre hab ich von dir geklaut. Wenn ich gewußt hätte, daß du sie abzählst, dann . . .«

Jeder wird mir nachfühlen, wie schwer der Stein wog, der mir vom Herzen plumpste. Wahrscheinlich war das Largo dran schuld. Es verleitet zu düsteren Vorstellungen.

»Wie war's?« Meine Frau stand ganz krumm vor Neugier.

»Ach weißt du, wir können stolz sein auf unser Söhnchen. Ehrlich und einsichtsvoll ist es. Aber jetzt wollen wir nicht mehr darüber reden. Was gesagt werden mußte, ist gesagt, klar?«

Nach vielen Jahren gab mir meine liebste Almuth endlich einmal recht.

Ein Narr ging durch Berlin

Ein Berliner hatte den närrischen Einfall, seinen Mitbürgern öffentlich die Faschingszeit zu signalisieren. Er kaufte sich eine wunderschöne Knollennase und ein Narrenhütchen dazu. Am Rosenmontag stülpte er das Nasenungetüm über seinen Gesichtserker und den Papierdeckel auf die spärlich bewachsene Kopfhaut. Dann nahm er seine Aktentasche, in der er nie Akten hatte, sondern seine Frühstücksstullen, die Morgenzeitung und ein Rätselheftchen, und begab sich wie eh und je auf den üblichen Weg in sein Büro. Wie reagierte Berlin?

Schon im Treppenflur hatte er das angenehme Gefühl, kein gewöhnlicher Mensch zu sein. Die Hausverwalterin Hermine Jannowitz, ein geschwätziges Frauenzimmer, von den Hausbewohnern »alte Schachtel« genannt, bekam Augen wie Perlmuttknöpfe und wich entsetzt zur Seite. Der Anblick des sonst so soliden Mieters und Junggesellen namens Alex Pankow verschlug ihr sogar die Sprache, was etwas heißen will.

An der nächsten Straßenecke unterbrachen zwei Straßenhunde, die läufige Elli und der im Kietz verrufene Vagabund Zottel, ihre plumpen Annäherungsversuche. Mit wütendem Gebell folgten sie den Spuren des Narren.

Unser Berliner schritt indessen wacker zu seiner Bushaltestelle. Leute, die ihm begegneten, machten vorsichtig einen Bogen um ihn, und die ihn kannten, vergaßen vor Staunen seinen Gruß zu erwidern. Nur ein kleines Mädchen an der Hand seiner Mutter freute sich aufrichtig über den Nasenmann. Es wird im Kindergarten gewiß davon erzählen.

An der Haltestelle standen wie alle Tage dieselben Leute aus dem Kietz, unausgeschlafen, griesgrämig, vergnatzt, gewohnt, sich über nichts zu wundern, weil sie an Wunder nicht glaubten. Sie tippten sich lediglich leicht an die Schläfe, was ebenso gut »Morjen« heißen konnte.

Der Bus war voll wie immer. Unser Faschingsnarr drängte sich in den Gang hinein, wobei er eine gewaltsam verjüngte Dame fülligen Jahrgangs mit dem Bauch streifte. »Am frühen Morgen schon betrunken«, näselte sie angeekelt. Einige Fahrgäste sahen die Nase und das Hütchen mit kurzer Verwunderung, ein dicker Schlips-und-Kragen-Mensch grinste wie eine Buddhafigur. Doch die meisten nahmen keine Notiz von unserem Narren. Sie lasen Zeitung oder dämmerten vor sich hin. Nicht ein Strahl des bekannten Berliner Witzes wurde gegen ihn abgefeuert.

Der Berliner Spaßvogel stieg aus. Eine Gruppe Schulkinder umringte den seltsam dekorierten Onkel und überschüttete ihn mit einem Schwall von Fragen. Ob der Onkel vielleicht beim Zirkus ist, und ob sie eine Freikarte kriegen könnten? Ob er nicht mit zur Schule kommen will; denn montags haben die Lehrer meistens schlechte Laune. Ein Clown in der ersten Stunde könne die Stimmung gleich heben. Aber der

Onkel antwortete auf keine ihrer Fragen. Unbewegten Gesichts ging er schweigend seines Wegs.

Der Kreis um den stummen Hanswurst vergrößerte und verdichtete sich. Denn trotz aller Abgeklärtheit, die man Berlinern wohl nachsagen darf, obsiegte doch ihre Neugier. Ein Polizist wurde schließlich auf die Zusammenrottung aufmerksam. Er kam, sah und befahl dem Nasenmann: »Zeigen Sie mal Ihren Gewerbeschein!« Sowas hatte unser Narr nicht beantragt, also hatte er keinen. Er wußte auch nicht, daß man als Narr einen Gewerbeschein braucht. Nach eingehendem Studium des Personalausweises ließ der Ordnungshüter das Unikum passieren mit dem Nachsatz: »Leider gibt's in der Gesetzgebung keinen Paragraphen gegen überdimensionale Nasen.«

In seinem Büro – der Nasenmann ist Absatzleiter eines kleinen Verlages, der Witzbücher vertreibt – prüfte der Narr noch einmal Sitz und Wirkung von Nase und Hütchen, bevor er sich über seine Akten beugte. Einen Augenblick lang schwebte im Türspalt das kummervolle Antlitz der Sekretärin. Kaum hörbar, mit wohltuender Rücksichtnahme schloß sie die Tür. Doch schon nach wenigen Minuten erschien sie wieder und sagte mit leiser Stimme und vorwurfsvollem Blick, es habe sich ein Gast angemeldet. Ob sie ihn reinlassen dürfe. Doch der Narr reagierte völlig normal. Er lasse bitten.

Der Gast, ein Buchhändler, trat ein, riß die Augen auf und wußte im Moment nicht gleich, ob er Guten Morgen oder Achduliebergott sagen sollte. Er entschied sich für die Frage, ob er hier richtig sei. Unser Narr nickte schweigend. Dem Gast schienen die Zweifel noch nicht ganz aus dem Weg geräumt. Mit der fadenscheinigen Entschuldigung, er habe sich in der Tür geirrt, verschwand er wieder.

Zwei Stunden später, als hartnäckige Gerüchte über den Geisteszustand unseres Narren bis zum Verlagsdirektor vorgedrungen waren, berief jener unverzüglich eine Beratung mit seinen wichtigsten Mitarbeitern ein. Ihm sei zu Ohren gekommen, daß der Absatzleiter in einem sehr merkwürdigen Zustand einen Kunden empfangen habe. Was sagen die Herren dazu?

Die Herren imitierten Empörung, lenkten aber beschwichtigend ein, daß es mit dem Absatzleiter noch nie irgendwelche Differenzen gegeben habe, im Gegenteil, man konnte sich immer voll und ganz auf ihn verlassen. Um eine Entschuldigung beim Kunden komme er nicht herum, ansonsten sollte man diesmal noch Gnade vor Recht ergehen lassen und den Herrn Absatzleiter für heute nach Hause schicken. Dort kann er seinen Rausch ausschlafen. Der Boß stimmte diesem salomonischen Rat zwar widerwillig, doch einsichtig zu. Er drückte auf das bekannte Knöpfchen und bat Axel Pankow in das Allerheiligste.

Der Narr erschien. Mit Nase und Hütchen. Die Temperatur des Bosses sank unter den Gefrierpunkt. Frostig fragte er: »Sagen Sie mal, was ist denn in Sie gefahren? Wie laufen Sie denn rum?«

Der närrische Absatzleiter griff schweigend in seine Brusttasche, holte seinen Terminkalender hervor und zeigte auf das Datum. Rosenmontag stand darunter, blau unterstrichen.

Der Boß erwartete wenigstens eine gestotterte Entschuldigung, nicht so eine geradezu unverschämte Rechtfertigung seines Aufzugs. »Sie sind entlassen«, hauchte er dem Narren eisig zu. Axel Pankow packte gelassen sein Frühstück ein und verließ wiederum wortlos und mit unbewegtem Gesicht das Haus.

Er bestieg seinen Bus. Die Zusteigenden, wahrscheinlich alle Berliner, nahmen wiederum keine Notiz von ihm. Die »alte Schachtel« in seinem Wohnhaus rieß ihre Knopfaugen abermals auf und fand erstaunlich schnell ihre Sprache wieder. »Nanu«, sagte sie. Der Wellensittich des Narren rasselte ihm ein freudiges Willkommen entgegen, und er, der entlassene Absatzleiter, holte eine staubige Flasche aus seiner »Speisekammer«, füllte ein Glas, trat vor den Spiegel und sagte: »Prost, alter Junge, die ham wa geschafft, die Wette ist gewonnen.« Er ging nämlich mit seinem Schwager am Rhein die leichtfertige Wette ein, daß ein Narr in Berlin mehr Aufmerksamkeit findet als ein ganzer Karnevalszug in Köln. Seine fristlose Entlassung ist der beste Beweis dafür.

Am Aschermittwoch kam Axel Pankows Boß persönlich vorgefahren. Als die »alte Schachtel« hörte, zu wem der Herr wollte, stellte sie ihrem Mieter erst einmal ein durchaus positives Zeugnis aus: »So ein netter Mensch, zahlt immer pünktlich die Miete, nur – ganz richtig da oben ist er nicht.«

Der Boß fand seinen närrischen Mitarbeiter in bester Laune und bat ihn inständig, auf seinen Platz als Absatzleiter wieder zurückzukehren, denn: »Seit zwei Tagen fragen Kunden nach dem Herrn mit Knollennase und Narrenhütchen. Das Geschäft floriert!«

Selbsthilfe

Um unsere Haushaltskasse zu entlasten, beschlossen wir, das Wohnzimmer selbst zu tapezieren. Zu diesem Zweck erstand ich das Buch des Bastlers. Der Abschnitt »Tapezieren« umfaßt nur 12 Seiten, so daß es ein leichtes war, sich das Wesentliche einzuprägen. Eines begriff ich gleich: Selbsthilfe ist billiger.

Nun ging es zur Tat. Ich kaufte eine Tapezierschere, eine Tapezierbürste, eine Kleisterbürste, einen Spachtel sowie Farbe, Kleister und Tapete. Nach einigen Trockenübungen mit den genannten Werkzeugen fühlte ich mich gerüstet, zum eigentlichen Akt überzugehen.

Zunächst rührte ich den Kleister an, wie es die Gebrauchsanweisung vorschreibt. Danach befahl ich mir und meiner Frau, das Zimmer auszuräumen. Alles ging flott und gefahrlos vonstatten. Nun hieß es, die alten Tapeten zu entfernen. Es gelang nicht vollends. Einige Stücke ließen sich nicht lösen. Gut, sagte ich mir, was Gott und das Handwerk zusammenfügten, das soll der Mensch nicht scheiden.

Danach begann ich, Decke und Wände abzuwaschen. Dabei bestätigte sich, wie recht doch Brecht hatte, als er schrieb: »Der Regen fließt eben nach unten.« Als die Waschung beendet war, rührte ich die Farbe an. Bei Fertigfarbe ist das nicht kompliziert. Doch auf Wunsch meiner Frau sollte sie getönt sein, also nicht ganz weiß, mehr grünlich, wegen der Augen. Der Nachbar lieh mir eine Tube Mischfarbe. Sah nicht schlecht aus, das Grünlich.

Während ich auf der Leiter stand und mit ruhiger Hand die Farbwalze an der Decke entlang führte, füllte sich mein rechter Ärmel zunehmend mit Farbe. »Das muß man in Kauf nehmen«, sagte ich zu meiner Frau, »deshalb hab ich etwas mehr gekauft als nötig.« Ich hatte gerade die Hälfte der Decke gestrichen, da meinte meine Frau, die Farbe reicht nicht. »Die Brühe ist sowieso zu dick« sagte ich, »die kann man ruhig noch etwas verdünnen.« Sie war dann nicht mehr ganz so sahnig, mehr milchig, aber vom Farbton her konstant. »So, das müßte reichen.«

Es reichte mal grade so. Meine Frau bemäkelte einige Stellen an der Decke, wo das alte Grau noch durchschimmerte. Mit einem Flachpinsel saugte ich die Farbreste auf und strich noch einmal darüber.

Während wir in aller Ruhe die Farbe trocknen ließen, reinigte ich mich gründlich, wechselte das verklebte Hemd und legte das Zimmer mit Zeitungspapier aus. Eigentlich hätte ich das vorher tun müssen, aber wer macht keine Fehler? Auf dem Fußboden schnitt ich die Tapeten zurecht. Sieben Bahnen von einer Rolle, sagte der Verkäufer. Ich habe vorsorglich eine Rolle mehr gekauft.

Nun ging es noch einmal dem Kleister zu Leibe. Im Bastelbuch steht, der Kleister müsse sämig sein. »Was heißt denn das?« fragte ich meine Frau. »Na, wie Soße!« belehrte sie mich mit unverhohlenem Vorwurf in Stimme und Blick. »Wie, was für eine Soße? Soßen gibt es ja verschiedene.« Wir einigten uns auf Dillsoße. Das hieß, den angesetzten Kleister, der sich wie Pudding anfaßte, erheblich zu verdünnen. Weil noch kleine Bröckchen in ihm schwammen wie bei einer schlecht verrührten Mehlstippe, rührte ich, mit kleinem Imbiß dazwischen, etwa eine Stunde lang. Aber einige Klümpchen wollten sich einfach nicht verdünnen lassen. Ich setzte meine Hoffnung auf Selbstauflösung. Nun folgte die Bekleisterung der Tapete. In der Anleitung wurde empfohlen, gleich drei oder vier Bahnen einzukleistern, damit sie etwas durchweichen, die Haftbarkeit sei danach größer. »Paß auf!« rief ich meiner Frau zu, »da ist Kleister auf den Fußboden gekleckert.« Aber es war zu spät. Schon saß ich im Eimer.

Nachdem ich die Hose gewechselt hatte, begann

der eigentliche Akt des Tapezierens. Ich stieg auf die Leiter und sagte zu meiner Frau: »Jetzt fasse ich die beiden Enden an. Wenn ich ›los‹ sage, ziehst du die andere Hälfte ab.« Sie zog. Nachdem ich meine Frau aus der abgerissenen Tapete befreit hatte, weinte sie. Ich versprach ihr, den Frisör zu bezahlen.

Von nun ab gingen wir vorsichtiger zu Werke. Bei der letzten Bahn angelangt, fehlten plötzlich drei Bahnen. Ich hatte vergessen, den natürlichen Schwund beim Anpassen des Musters einzuplanen. »Der Mensch kann noch so dumm sein«, dozierte ich, »Hauptsache, er weiß sich zu helfen.« Also stellten wir den Bücherschrank an die kahle Wand und klebten Tapetenreste drumherum.

Um Mitternacht war unser Werk vollendet. Es gab nur noch einige unerhebliche Pannen. An der Steckdose, deren Deckel ich klugerweise abgeschraubt hatte, bekam ich beim Glattstreichen der Tapete einen kleinen Schlag. Am Fenster mit seinen Ecken und Kanten fluchte ich wegen der Pusselarbeit dermaßen laut, daß der Mieter von oben klingelte und meine Frau fragte, ob wir den Fenseher nicht ein bißchen leiser stellen könnten. Er könne nicht einschlafen. Beim Absteigen von der Leiter rutschte ich auf einem Tapetenschnipsel aus und schlug der Länge nach hin, zum Glück nur aufs rechte Knie, das linke konnte ich noch bewegen.

Am nächsten Morgen sind wir später als sonst wachgeworden. Die Sonne schien bereits ins Wohnzimmer. Wir betrachteten stolz unser Werk und sprachen uns Mut zu: »Naja, die Falten, die glätten sich mit der Zeit – vielleicht. Und die Decke? Naja, sieht wie Tarnanstrich aus. Hat nicht jeder!« Und darauf, etwas zu haben, was nicht jeder hat, legten wir schon immer großen Wert.

Die Pilzexpedition

»Am Sonnabend«, verkündete ich kürzlich im trauten Kreis der Familie, »geht es in die Pilze. Pilze sind schmackhaft und gesund. Die würzige Waldluft reinigt die Lunge, und nicht zuletzt leisten wir damit einen aktiven Beitrag zur sinnvollen Freizeitgestaltung am Wochenende.« Die Kinder jubelten, nur meine Frau verzog wie im Schmerz die Lippen. »Wir werden den Pilzgang gründlich vorbereiten«, sagte ich im Tone eines Waldmarschalls, um keine defätistische Stimmung aufkommen zu lassen.

Die Vorfreude beseelte mich die ganze Woche. Ich träumte nicht nur von Pilzen, sondern suchte auch, wo es nur ging, Gesprächspartner, die mich verstanden und geduldig meinen Pilzerlebnissen lauschten. Am Mittagstisch in der Betriebskantine gab ich selbstlos Pilzrezepte zum Besten, wobei besonders die Königsspeise aller Pilzgerichte, das Pilzschnitzel, Wasser im Munde zusammenlaufen ließ, und meine selbstverfaßte Ode an ein Pilzschnitzel löste geradezu bedingte Reflexe aus: gesteigerte Speicheldrüsentätigkeit mit Hungergefühlen.

Nun hat sich längst herumgesprochen, daß ich Experte in Sachen Pilzgang bin. Auf Grund langjähriger Erfahrungen und eines väterlicherseits erblich belasteten Pilzinstinkts bin ich prädestiniert, selbst die schwierigsten Fragen zu beantworten. So wollte beispielsweise auf einem Forum einer wissen, wann sich ein Pilzgang besonders lohnt. Nun, das ist nicht schwer zu beantworten, wenn man die notwendigen wissenschaftlichen Überlegungen aus prognostischer Sicht anstellt. Wichtig ist, sich folgende Regeln einzuprägen:

Das Wachstum der Pilze erreicht sein höchstes Ausmaß in warmen Vollmondnächten bei vorausgegangenen Spätsommergewitterregen oder bei relativer Luftfeuchtigkeit von mindestens 80 Prozent.

Bei meinen Pilzgängen pflege ich stets wenige Tage vorher den Kalender und das meteorologische Institut Potsdam zu befragen, um den eigentlichen Pilzgang optimal zu sichern.

Dazu gehört auch eine umfangreiche Vorbereitung. Vielleicht darf ich das am Beispiel unserer letzten Pilzexpedition schildern. Am Vorabend des Pilzganges prüft ich also noch einmal die dafür notwendige Ausrüstung. Dazu gehören pro Kopf: ein scharf geschliffenes Taschenmesser, ein Henkelkorb, ein Ersatzbeutel oder Rucksack, ein derber Stock zum Prüfen von Untiefen und zum Zerschlagen von Spinnweben, ein alter Schlapphut, eine zerschlissene Joppe, eine mehrmals geflickte Rauhose und Gummistiefel. Diese Bekleidungsstücke sind, wenn nicht vorhanden, auf Flohmärkten oder im Raritätenhandel zu erwerben und werden unter der Sortimentbezeichnung »Kleiner Pilzanzug« geführt. Anfängern wäre zur Vervollständigung der Ausrüstung zu empfehlen, Karte und Kompaß mitzunehmen.

In unserer Familiendynastie, die auf eine lange Pilzsuchertradition zurückblicken kann, sind derlei Hilfsmittel nicht mehr nötig. Wir kennen nicht nur die Pilzgründe genau, sondern verständigen uns beim Pilzgang durch Pfiffe und Zurufe, um die Verbindung untereinander nicht zu verlieren. Das hat außerdem den Vorteil, daß fremde Pilzjäger ihr Heil in der Flucht suchen, weil sie mit Recht annehmen müssen, daß sich eine ertragreiche Pilzjagd in dieser bevölkerten Waldgegend nicht lohnt.

Selbstverständlich verfahren wir nach der alten

Pilzgängerregel: Wer zuerst da ist, pilzt zuerst. Wir begeben uns ins vorgegebene Planquadrat und bedienen uns sowohl der linearen als auch der Einkreisungstechnik. Unumstößlicher Grundsatz dabei: Niemals die Messer sichtbar tragen, da sich angesichts der blitzenden Klingen die Pilze oftmals verstecken.

Ach so, nun der Vollständigkeit halber noch das Ergebnis unserer letzten Pilzexpedition. Nach sechsstündigem Pilzgang kehrten wir müde aber glücklich heim. Zu unserem Leidwesen stellten wir fest, daß sechs Körbe und sechs Rucksäcke nicht ausgereicht haben. Unsere Prognose berücksichtigte nicht, daß den ganzen Tag über warmer Regen fiel und infolgedessen die Pilze förmlich wie Pilze aus dem Boden schossen.

Zwei Tage nach dieser ertragreichen Expedition ging es uns schon besser. Die Kinder haben zum Glück nicht so viel wie ich vom Pilzbrätel gegessen und waren nach Erbrechen des Mageninhalts wieder ganz gut beisammen. Ich mußte leider für kurze Zeit ins Krankenhaus, um mir den Magen auspumpen zu lassen, was mich aber nicht hindert, den nächsten Pilzgang kühn ins Auge zu fassen. In drei Wochen ist wieder Vollmond.

Am Tag, als wir dran waren

»Steh auf, mein Herz, und wandle dem neuen Tag entgegen . . .« Der schrille Gesang traf mein musikalisches Ohr und verursachte geradezu physischen Schmerz. Kein Wecker, keine Schrotflinte bringen mich so in Bewegung wie der Weckgesang meiner lieben Frau – eine Mischung aus Choral und Küchenlied, zudem mit selbsterdachten Texten und höchst disharmonischer Interpretation. Bei ihr bestätigt sich die Regel, daß unmusikalische Leute gern und laut singen, sobald sie sich allein oder in intimer Umgebung glauben.

Intim ist die Umgebung schon. Während der frostfreien Monate beziehen wir das von den Eltern geerbte Grundstück im Luch, wo sich nur Füchse Gute Nacht sagen, den Hasen ist es dort zu einsam.

Die Einsamkeit teilen wir mit neun weiteren Einsiedlern, als da sind: ein avantgardistischer Schriftsteller, ein moderner Ikonenmaler, ein ramponierter Oberst a. D., eine spitzmundige Flötistin, ein Züchter des Rassehundes »Bodo von der Krötenweide«, die Großfamilie eines dreimal verheirateten Schauspielers, die geschiedene Frau eines früheren Staatsbeamten, ein verkrachter Abgeordneter, der sich mit pornographischen Schriften die Sitzungen im Parlament verkürzte, die Besitzerin einer Knopfmanufaktur, auch im Umgang bis obenhin zugeknöpft, und eine welke aber liebenswerte Souffleuse. Man kann sagen, eine bunte Mischung des Volkes.

Unsere Grundstücke liegen zwar außer Sichtweite, aber doch nahe genug, um uns als Lebensgemeinschaft zu fühlen. Einmal im Jahr treffen wir uns zur Selbstdarstellung auf einer gemeinsamen Party. Meine Frau brachte es beim letzten Einsiedlerfest sogar fertig, alle Bewohner der Luchsiedlung für die Gründung eines gemischten Chores zu animieren. Lag es an der Weinseligkeit zu später Stunde oder an dem Bedürfnis, sich dann und wann mal aussingen zu müssen – die Leute erklärten sich jedenfalls bereit, mitzumachen. Mein Herzchen erbot sich, den Vorsitz zu übernehmen und ließ gleich eine Teilnehmerliste rumlaufen, das heißt, die Liste ist nicht gelaufen, sondern meine Frau. Mit Erfolg. Alle setzten ihren Namen darauf ohne den geringsten Argwohn. Sie ahnen nicht, was auf sie zukommt.

Das nächste Dorf ist vier Kilometer entfernt. Die einzige Einkaufsstätte ist eine umgebaute Leichenhalle, in der aber seit 20 Jahren keine Leichen mehr aufbewahrt werden. Der Laden wird nur einmal in der Woche mit dem Nötigsten beliefert. Emma Raschke, Verkäuferin und Besitzerin zugleich, bestellt nur, was sich mit Sicherheit verkaufen läßt. Wer Sonderwünsche hat, muß in die 30 Kilometer entfernte Kreisstadt fahren. Für Emma Raschke ist das Geschäft Nebenverdienst. Sie entfernt mit seltsamen Sprüchen und Dämpfen Gürtelrosen und Warzen, auch als Kartenlegerin hat sie sich einen Namen gemacht. Mir hat sie vor wenigen Tagen ein unerfreuliches Erlebnis vorausgesagt: »Achten Sie auf Ihre Frau, über kurz oder lang steht Streit ins Haus.« Sie sollte recht behalten. Denn heute war der Tag, an dem wir dran waren, für die Siedlungsbewohner einige Extras aus der Kreisstadt mitzubringen. Die Versorgung mit Waren des nichtalltäglichen Bedarfs ist wohl organisiert, alle 14 Tage fährt ein anderer.

Noch während ich mich stöhnend und grunzend unter der Dusche erfrischte, tönte aus dem Nebenraum die eindringliche Volksweise: »Heute fahr'n wir in die Stadt, in die Stadt, heute fahr'n wir in die Stadt. Dann gibt es wieder Klopapier, Bananen, Schnaps und Seife und auch ein Päckchen Rauchtabak für meines Liebsten Pfeife . . .«

Sie singt, dachte ich grimmig, und dabei hätte sie allen Grund, zerknirscht zu sein. Beim letzten Transport gab sie »aus Versehen« statt des Einkaufszettels eine Liste mit, auf dem ich die Quellennachweise meines Essais über die Wendehälse in der zweiten Hälfte des 20. Jahrhunderts notiert hatte. Friedrich Maria Warze, der Schriftsteller, sagte am Abend nach seiner Rückkehr: »Ihr freßt wohl jetzt Bücher? Bis nach Berlin bin ich gefahren, um eure ausgefallenen Titel zu kriegen. Einige gab es nicht mehr.« Er warf einen grob verschnürten Karton vors Gartentor. »Eure paar Piepen haben nicht gereicht, ich krieg noch 126,99 D-Mark.« Wer zahlte? Natürlich ich, und das mit den Frohgefühl, endlich die genannten Werke doppelt zu besitzen.

Meine Frau sang mit einem melancholischen Schnörkel ihre Transportballade zu Ende, um mich dann mit dem reizendsten Lächeln zu fragen: »Schnauzerchen, hast du auch die Einkaufsliste?«

Mir blieb fast die Luft weg. »Loreley«, drang ich wie ein Hypnotiseur auf sie ein, »schau mich an! Schau mich bitte jetzt mal ganz fest an: hast du die Liste von meiner Schreibnische weggenommen, ja oder nein?!!«

Aber wie ich sie kenne, hatte es ja doch keinen Zweck, auf ihre Antwort zu warten. Sie erinnerte sich an nichts. Ich suchte wie irrsinnig die Liste, verhaspelte mich mit dem linken Fuß in den Gurten eines Rucksackes und schlug der Länge nach hin. »Nur ruhig Blut«, redete ich mir zu und begann systematisch die Kochnische, das Schlafgemach und die Freizeitecke umzukrempeln. Nichts, keine Spur von der Liste.

Meine Frau intonierte indessen den Triumphmarsch aus Aida: »Heil dir, mein Schnauzerchen . . .« Als ich die Wäschekommode zerlegen wollte, kam sie mit dem unbefangensten Gesicht der Welt zu mir: »Brauchst nicht mehr zu suchen. Die Liste hab ich gestern schon in meine Stadttasche getan.«

Es war inzwischen höchste Zeit, sich für die Reise fertigzumachen. Ich warf meinen Anorak über und trieb mein Goldstück zur Eile an. Schaukelnd bewegte sich der Wagen über nichtbefestigte Wege, rumpelte über Dorfstraßen, wich den Unebenheiten der Landstraße geschickt aus und fegte auf der letzten Etappe der Teststrecke mit 80 Sachen auf die Stadt zu. Schemenhaft tauchten im Frühnebel des Spätsommers links und rechts Neubauten auf. Sandhügel, leere Teerfässer, Zementrohre, Baubuden und verrostete Reste von Baumaschinen waren stille Zeugen unserer abenteuerlichen Fahrt. Endlich erreichten wir den Stadtkern: Läden, Restaurants, Eisdielen, Spielhallen, Pornoshops, Kaufhallen. Der Anblick solcher Stätten der Kultur und Zivilisation ließ mich all meinen Kummer der letzten Stunden vergessen.

»Weißt du was«, flötete mein Herzblatt, »wir machen uns heut mal einen schönen Tag. Erst erledigen wir die Einkäufe, dann machen wir einen Schaufensterbummel, dann gehen wir schön essen zum Schmorgelwirt, dann gönnen wir uns noch ein schönes Kännchen Kaffee und Torte, und dann fahren wir schön, schön langsam nach Hause.« Und schon trällerte sie die Vereinigungshymne aus den 90er Jahren: »So schön wie heut, so müßt es bleiben ...«

In der Kaufhalle gab mir mein Morgenstern die Einkaufsliste zur Kontrolle. Ich erblaßte. Es war der Zettel mit den Unterschriften der Mitglieder unserer Einsiedlerchorgemeinschaft »Die Sänger vom Luch«.

Die vorzeitige Heimfahrt verlief im Geiste gegenseitiger Mißverständnisse.

WERBUNG

»Mamaaa, ich hab jetzt einen neuen Freund!«

»O, wie schön! Hoffentlich ist es diesmal der Richtige. Ist er was, hat er was, kann er was?«

»Er kann alles, Mamaaachen! Er duftet angenehm, ist sparsam, anschmiegsam, sehr auf Reinlichkeit bedacht, immer bereit, wenn man ihn braucht. Er ist einfach lieb, Mamaaa. Ach, bin ich glücklich!«

»O, so einen Freund möcht ich auch haben. Dein Vater war das Gegenteil. Er stank nach Zigarre, er schmiß das Geld nur so zum Fenster raus, er war saugrob, er wechselte selten die Wäsche, und wenn man ihn brauchte, war er nie da. Wie heißt denn dein Freund? Kenn ich ihn?«

»Nein, Mamaaa, den kennst du noch nicht. Er heißt

R A T Z E P U T Z

und ist ein neues Spülmittel!«

Nerven muß man haben

Im kleinen Freundeskreis unterhielten wir uns neulich über Berufe und Lebenssituationen, die ein ungewöhnlich strapazierfähiges Nervenkostüm verlangen. Ich konnte da weniger mitreden, umso packender waren die Schilderungen der anderen. Die Episoden, die sie zum besten gaben, waren allein vom Hörensagen schon so nervenkitzelig, daß ich mich am liebsten vor Scham verkrochen hätte. Einer von ihnen genoß zum Beispiel als Pilot den herrlichen Augenblick, wo der Mechanismus des Fahrgestells versagte und es partout nicht aus der Luke herauswollte. Er flog geistesgegenwärtig in eine Baumwollgegend und landete sicher auf den Halden frischgeernteter Baumwollfussel.

Ein anderer, er ist Conférencier, brachte es fertig, eine der bekanntesten Rockbands zu einem schlichten Volkslied in deutscher Sprache zu überreden. Nicht nur das, dank seinen beruhigenden Worten sang der aufgewühlte Saal am Ende der Musicalshow rührend einträchtig: »Sah ein Knab ein Röslein stehn«. Wahnsinn! Dazu gehören Nerven.

Wie gesagt, der Abend war sehr anregend, und als die Freunde merkten, daß ich immer stiller und stiller wurde, forderten sie mich auf, doch auch etwas zum besten zu geben. Sie ermunterten mich solange, bis ich nicht mehr nein sagen konnte. Und da ich nichts Ungewöhnliches erlebte, erzählte ich eine alltägliche Geschichte, von der ich von vornherein wußte, daß sie nicht aufregend ist.

Eines Tages, so begann ich, ließ mich mein Chefredakteur rufen und sprach: »Da ist doch in Schönleichen ein Zahnambulatorium eröffnet worden. Das ist doch nicht weit von dir zu Hause. Mach mal was draus für die Lokalseite, aber mit Einfühlungsvermögen. Du mußt ja die mörderischen Torturen nicht beschreiben.«

Im gewissen Sinne war mir das recht. Ich machte mich also fertig und freute mich auf einen frühen Feierabend. Aber der Mensch denkt, und der Boß lenkt, so war es immer. In letzter Minute rief er mich noch an und befahl: »Aber bis 18 Uhr abliefern!« Auch das war noch zu verkraften, wenngleich der frühe Feierabend flöten ging.

Nun komm ich raus in dieses Nest, das sogar noch Straßenbahnanschluß hat, und lese leicht verärgert am Eingang der Zahnstation: »Heute nachmittag geschlossen«. Da blieb mir nichts anderes übrig, als das zu tun, was weltbekannte Autoren und Abenteurer auch zu tun pflegen. Ich nahm meine Phantasie zu Hilfe. Bei einem Zahnarzt war schließlich schon jeder einmal, es ging mir nur darum, ein geeignetes Motiv zu finden, eine Grundidee, die meinen Artikel so glaubhaft machte, als hätte ich alles selbst erlebt. Was ist es, fragte ich mich, was die meisten Menschen beflügelt, einen Zahnarzt aufzusuchen? Der Zahnschmerz. Und was macht den Gang zum Zahnarzt so schwer? Die Angst vor zusätzlichen Schmerzen. Und so glaubte ich, daß ich den Menschen die Angst nehmen kann, wenn ich so anschaulich wie möglich schildere, was auf sie zukommt. Ich fand auch sogleich eine gelungene Überschrift, nämlich: Zahn um Zahn. Mein Artikel ging etwa so:

Wenn ich so seh, mit welch leidvollem Antlitz die Menschen dieses Gebäude betreten, und einmal drin, bibbernd vor Angst plötzlich die Schmerzen vergessen und zum Arzt sagen, also jetzt tut mir nichts mehr weh, es war wohl nur blinder Alarm oder Einbildung, dann sagt der Onkel Doktor nur einen einzigen, sehr beruhigenden Satz: »Na, dann woll'n wir mal nachsehen.«

Du darfst dich in einen bequemen Sessel setzen, und eine junge Gehilfin greift dich beim Kopf und bei den Händen und redet dir beruhigend zu: »Es tut überhaupt nicht weh.« Und während du da liegst und angstvoll auf die blitzenden Instrumente schaust, die in einem Schränkchen ausgestellt sind, erzählt der Arzt ein Witzchen aus seiner Studienzeit. Das muß man den Zahnärzten lassen: Sie sind bessere Psychologen als die richtigen. Sie verbreiten Ruhe und Heiterkeit.

Der Doktor hilft dir sodann, den Mund zu öffnen, falls du es selbst nicht kannst, aber mit so viel Zartgefühl, daß Du tapfer wirst. Er greift nicht gleich zu einem der angsteinflößenden Instrumente, sondern zu einem feinen Spieglein. Ach, wer spiegelt sich nicht gern! Erst dann klopft er mit einem glitzernden Stäbchen an diesen und jenen Zahn, und er fragt dich immer: »Tut das weh?« Nein, es tut überhaupt nicht weh. Nur bei einem Zahn griff er mit einer Art Enterhaken hinein. Das tat weh. »Na, da haben wir ja den bösen Buben«, sagte der Onkel Doktor, und er wakkelt ein bißchen dran, und die Schwester streichelt dich und neigt ihren atemreinen Mund an dein Ohr und flüstert: »Ganz ruhig, es tut nicht weh.«

Der Doktor macht erst einmal Pause, nennt seiner Gehilfin einige Zahlen zwischen eins und zweiunddreißig und ein Fremdwort dazu, ein lateinisches natürlich, um dich nicht zu ängstigen. Du liegst da, blinzelst in die helle runde Scheibe über dir und atmest ruhig durch. Schön, sich so hinzulümmeln, ohne gerügt zu werden. Der Doktor lobt dich beiläufig: »Sie haben noch ein recht ordentliches Gebiß, wenn jeder seine Zähne so pflegen würde!« Ein Lob stimuliert, im Leben wie beim Zahnarzt, und du hast überhaupt keine Angst mehr. Der Doktor wendet sich dir wieder direkt zu, die Gehilfin nimmt zärtlich deinen Kopf in ihre beiden Hände. Wie wohl das tut, diese Wärme und Zuneigung, und gleich einem Zauberkünstler holt der Doktor hinter seinem Rücken eine niedliche Spritze hervor, drückt noch einmal daran, und du siehst, wie helles, klares Wasser herausspritzt. »Nun schauen Sie mal nicht so ängstlich, es piekt nur ein bißchen, und danach tut es überhaupt nicht mehr weh!« Seine Stimme bekommt Festigkeit, die dich zwingt, die Haltung nicht zu verlieren. Aber während er die spitze Kanüle in dein Zahnfleisch schiebt, die Gehilfin deinen verkrampften Mund festhält, verdrehst du grundlos deine Augen. Beim zweiten Stich piekt es längst nicht mehr so. Die liebe Schwester geleitet dich in den Warteraum.

Der Warteraum ist inzwischen voll geworden, und die da sitzen, schauen dich mitleidig an, aber du denkst in dem Moment daran, daß man seine Angst nicht zeigen darf, schon um dem lieben Doktor und seiner netten Gehilfin die Freude am Beruf nicht zu verderben. Sitzt nun da und spürst, daß du eigentlich nichts mehr spürst, deine rechte Mundhälfte ist wie abgestorben, du faßt hin, wo du vor einer Stunde noch irrsinnige Schmerzen hattest, nichts tut mehr weh. Nichts geht mehr, auch nicht das Sprechen. Der Nachbar neben dir sagt beruhigend, er kennt das, der Schmerz kommt erst hinterher. Du willst ihm antworten, Mann, lassen Sie doch Ihre defätistischen Äußerungen, aber deine Lippen sind unbeweglich, jedes Wort kommt unwirklich aus ihnen heraus. Du spürst nicht mehr die Konsonanten, nur die Vokale lassen sich noch einigermaßen unverfälscht artikulieren.

Und während du darüber nachdenkst, wie das mit dir weitergehen soll, wenn du nicht einmal mehr richtig sprechen kannst, kommt die Gehilfin herein und sagt ganz lieb: »Jetzt können wir wieder.« Sie bettet dich sanft in den Sessel, hält deine Schläfen, damit sie nicht platzen, und spricht: »Ganz, ganz ruhig, es ist gleich vorbei!« Und ganz plötzlich, so wie die Scharfrichter den Verurteilten packen und unters Schafott werfen, packt der Doktor mit einer Zange deinen Zahn. Du kannst nicht sagen, daß es weh tut, aber deine Sinne sind hellwach. Du spürst, wie er den Zahn hin- und herschiebt und dreht, du hörst ein Knirschen und Knacken, du folgst ungewollt den kraftvollen Bewegungen, streckst dich dem Doktor entgegen, um ihm die Arbeit zu erleichtern, wirst aber zugleich von der Gehilfin in den Sessel zurückgedrückt, bis daß der Doktor triumphierend dir ein Prachtstück von Zahn mit blutigen Wurzeln zeigt. »Na sehen Sie«, sagt er, »so schnell geht das, und es tut kein bißchen weh, stimmts?«

Dir wird ein Glas Wasser gereicht, du schwappst es in deinem pelzigen Mund hin und her, schmeckst absolut nichts und spuckst Blut aus. Der Meister schaut sich noch einmal das Loch zwischen den anderen Zähnen an, stopft irgendein Zeug rein und klopft dir auf die Schulter: »Na also, ging ja bestens!« Er fragt dich, wann du wiederkommen möchtest, »denn da sind noch ein paar schadhafte Zähne«, die er gern noch behandeln will. Du antwortest, am liebsten gleich morgen, denn du möchtest auch seine Bohrkunst kennenlernen. Aber er gibt dir einen Termin für nächste Woche. Die Gehilfin führt dich zu einem Waschbecken mit Spiegel. Ach herrje, was für eine Fresse! Wie Weißbier und Spucke, blutige Spucke. Du reinigst dich, der Doktor empfiehlt dir, einen halben Tag lang nichts zu essen und um Gotteswillen keinen Alkohol zu trinken. Du nickst dem Doktor zu und lächelst die Gehilfin an, wobei du nicht einmal sagen kannst, ob es dir gelang. Denn die Lippen sind immer noch gefühllos.

»Tja, liebe Freunde, das war zunächst alles. Ergänzend kann ich nur sagen, die Redaktion hat meinen doch recht glaubwürdigen und realistisch geschriebenen Artikel angenommen, ihn aber nicht auf der Lokalseite, sondern auf der bunten Sonntagsseite veröffentlicht.«

Vielleicht war meine Schilderung doch etwas zu ausführlich, denn Gastgeber und Gäste des gemütlichen Freundeskreises zeigten Zersetzungserscheinungen. Der Pilot verzehrte während meines Berichts seinen Schlips, der Conférencier zuckte fortwährend mit dem Kopf, und als ich sagte, der eigentliche Schluß kommt noch, schluckte die Hausfrau ein paar Beruhigungstabletten. »Bitte nicht mehr so lange«, baten die Freunde. Immerhin hat die Ankündigung des eigentliches Schlusses sie neugierig gemacht.

Vier Wochen nach Erscheinen meines, im Grundton doch recht positiven und optimistischen Artikels, hatte ich wirklich Zahnschmerzen, und weil das Zahnambulatorium von Schönleichen mal grade um die Ecke liegt, ging ich dorthin. Als ich der Schwester meinen Namen nannte, sah ich ein Aufblitzen in ihren wunderschönen Augen. Auch der Arzt zeigte lebhaftes Interesse an mir und fragte, ob ich der Autor des bekannten Artikels »Zahn um Zahn« sei. Er freute sich, meine Bekanntschaft zu machen. In den nächsten fünf Minuten schauten alle Ärzte und Schwestern, sogar die Reinemachefrauen ins Behandlungszimmer und raunten sich gegenseitig zu: Der ist das? Ach, der ist das! Ein bißchen freut man sich doch über Popularität. Doch als der Arzt in meinen mutig weitgeöffneten Mund schaute, sagte er nur: »Ach du je, das sieht ja aus!«

Was dann folgte, möchte ich euch in Anbetracht der fortgeschrittenen Zeit doch ersparen. Aber ich hab schon eine Überschrift für den nächsten Artikel: Unter den Händen eines Atomzertrümmerers.

Ohne Zweifel, ein echter Knast

Jeder Mensch, der etwas auf sich hält, besucht wenigstens einmal im Jahr eine Kunstausstellung. Ich gehe gewöhnlich zweimal in ein und dieselbe Ausstellung, weil ich sehr viel von mir halte. Beim ersten Besuch gebe ich mich ganz dem Betrachten hin, es macht mir Freude, Bilder anzuschauen. Zum zweiten Besuch zieht es mich hin wegen der interessanten Leute, die stets durch Galerien wandeln. Nichts ist erbaulicher, als den geistvollen und lehrreichen Worten der Beschauer zu lauschen. Ich beneide die Menschen, die so gescheit daherreden können, wenn sie vor einem Kunstwerk stehen.

Kürzlich besuchte ich zum zweiten Male die Ausstellung des berühmten Malers Ferdinand Knast. An diesem Tage war ich wohl der erste in der lichtdurchfluteten Halle. Lange suchte ich nach einem passenden Bild, bei dem ich stehenbleiben konnte, um zu hören, wie man unter Kennern darüber spricht. Ich entschied mich für den »Abend am Fluß«.

Es war für mein Empfinden ein recht stimmungsvolles Bild. Still und träge floß der Fluß dahin, das jenseitige Ufer war von dunklem Tann umsäumt. Im Vordergrund, auf einer Art Anglersteg, saß ein hemdsärmeliger Mann, der mit einem Fuß im Wasser baumelte, am anderen Fuß hingebungsvoll popelte. Rechts lugte ein Anwesen aus dem Rahmen oder genauer gesagt in den Rahmen, eine Scheitholzpyramide davor und eine alte Pflugschar, malerisch an die Hauswand gelehnt. Im leichten Wind plusterten zwischen frisch geschälten Stangen, die mit einer Leine verbunden waren, mehrere Nachthemden, Unterhosen und andere Intimitäten. Wie gesagt, ein schlichtes Motiv, wie man es wohl zu Hunderten findet.

Da kam eine Gruppe junger Menschen, die schon rein äußerlich prädestiniert schienen, etwas von Kunst zu verstehen, auf jeden Fall mehr als ich, der ich weder Bart- noch Ohrringträger bin, nur Hosenträger. Einer, wohl der Anführer, hatte zum Zeichen seines Ranges einen prächtigen roten Schal locker um den Hals geworfen, obwohl draußen kein Lüftchen wehte. Die Hände auf dem Rücken verschränkt, schritt er von Bild zu Bild und warf davorstehend napoleonisch das Haupt in den Nacken. Er verweilte etwas länger vor dem »Abend am Fluß«, die anderen gruppierten sich gleich um den Meister. Gewiß war es ein Meister; denn langsam, einer tiefen Erkenntnis gleich kam es aus ihm heraus: »Das ist ein echter Knast.«

Das irritierte mich ein wenig, weil ich glaubte, die anderen Bilder wären auch echte Knasts. Aber man lernt ja nie aus, um Falsches vom Echten zu unterscheiden.

Alsbald öffneten auch die anderen Kunstjünger, vielleicht Schüler des Meisters, ihre Münder:

»Ein echter Knast, unzweifelhaft!«

»Gekonnt, gekonnt.«
»Mit welcher Akribie das Allgemeine im Gegenständlichen erfaßt ist – meisterhaft!«
»Ingeniös!«
»Französische Schule.«
»Dagegen wirkt das Flußmotiv von de la Knopf ausgesprochen insubstantiell.«
»Offenbar von der Strichführung Xaver Feudels animiert.«
»Nicht doch, nein, ich würde sagen, der Diagonalistik nach ist das einwandfrei auf Ambitionen Hoffmann von Haldenslebens zurückzuführen!«
»Rudimente, nur Rudimente! Der Permutabilität nach ist Knast viel potenter.«
»Nicht nur, was die Symbolik betrifft, auch die Mischtechnik. Sehen Sie das Ultra!«
»Dennoch«, sagte der Wortführer abschließend, »ein echter Knast!«
Ich schämte mich, nicht so mitreden zu können, und spürte im Rücken die Mißachtung brennen. Einem Verzweiflungsakt gleich suchte ich nach einer ähnlich gescheiten Bemerkung und erfand schließlich eine, um nicht ganz als kompletter Dummkopf dazustehen. So warf ich mit gespielter Überlegenheit hin: »Sie mögen ja in vielem recht haben, aber als Kenner müssen Sie zugeben, daß dieses Bild in seinem Gesamteindruck von kolikalyptischer Tiefe ist oder einfach,mit Siegmund Freud gesagt, susexiv.«
Sieben Augenpaare starrten mich überrascht an, dann nachdenklich zum Bild. Einer gestand seine Unsicherheit und fragte: »Kolikalyptisch?« Der Meister ging einen Schritt zurück: »Tja, wenn man es so betrachtet – da ist was dran.« Und die anderen nickten dazu.
Später kam ein Förster vorbei. Er stellte fest, daß

der Wald zu dicht steht. Ein Herr mit Nickelbrille monierte die obszönen Unterhosen, und ein anderer, er roch nach Gärfutter, stieß sich an der Pflugschar: »Wo lebt der Maler, kennt er keinen Traktor?«

Gegen Mittag quirlte eine Schulklasse herein, etwa Acht- bis Neunjährige. Ein großes Fräulein klatschte in die Hände und rief: »Nun kommt, Kinder, kommt!« Es schnatterte in der heiligen Halle, als würde man einen Waggon Gänse auskippen.

»So«, sagte die Lehrerin, »und was sehen wir auf diesem Bild?« »Eine Landschaft«, schrien fast alle. Die Analytiker unter ihnen begannen differenziert zu beschreiben:

»Einen Wald.« – »Ein Haus, 'n Stück von.« – »Holz.« – »Zwei BH oder sowas.« – »Himmel.« – »Wasser.« – »Einen Mann, der seine Füße wäscht.«

Die Lehrerin hielt etwas von vertiefender Betrachtung: »Na, Kinder, was denkt wohl der Mann da?«

»Er denkt, es ist Feierabend.« – »Nee, er denkt, daß er seine Nägel mal schneiden muß.« – »Er denkt vielleicht, es ist schön, wenn alles so schön und friedlich ist.« Die Augen der Lehrerin leuchteten auf: »Fein, Luise, und was denken wir jetzt alle?« – »Nur im Frieden kann man sich die Füße waschen!«

Die Kinder hab ich verstanden, die Kunstkenner nicht. Wahrscheinlich bin ich doch zu dumm.

Die lustigste Kurzgeschichte

Der Chefredakteur der populären Zeitschrift »Frühherbst«, ein Magazin für das dritte Lebensdrittel, versammelte seine getreuen Mit- und Zuarbeiter um sich. Ernst und würdevoll eröffnete er die Sitzung und stellte nach einigen einleitenden Allgemeinplätzen die schicksalsschwere Frage: »Was können wir tun, um unser allseits beliebtes Monatsblatt noch populärer zu machen?«

Die Angesprochenen versanken sogleich in tiefe Nachdenklichkeit. Eine »Andenkpause« sei schon nötig, wenn man etwas Neues »einbringen« soll, sagte der Koordinator, ein rüstiger Herr in der Zweidrittelhälfte. Die freundliche Sekretärin, eine emeritierte Masseuse, setzte derweil Kaffeewasser auf. Als ein angenehmer Duft von »Helmuts Krönung«, die bleifreie Spitzenklasse des Kaffeegiganten, den Raum schwängerte, glätteten sich die Stirnen der Versammelten.

Als erster meldete sich der Layoutdesigner Christopher Bock zu Wort: »Also, ich geh mal davon aus, daß wir bisher schon eine Menge schöner Heimatfotos und Porträts altehrwürdiger, verdienter Rentner gebracht haben, auch liebe Kindergesichtchen und umweltfreundliche Werbung. Ich denke da an die Seniorenreisetips. Aber irgendwie fehlt was. Unsere Fotos müßten mehr Power ausstrahlen. Wir sind übrigens das einzige Magazin ohne Nacktfotos, ohne Sex. Warum, so frag ich mich und euch?«

Der Koordinator sog an seiner kalten Pfeife und machte eine abwehrende Handbewegung. »Also ganz so ist es nicht. Über Sex hatten wir schon einen Beitrag, natürlich ausgewogen und altersspezifisch. Die Erfahrungen aus dem ehemaligen DDR-Rentnerleben reichen da vollkommen aus. Man muß nicht alles abwickeln, was einst einen guten Stand hatte.« Sprachs und schaute zum Chef. Der nickte angemessen.

»Ich muß da dem Chef vollkommen recht geben«,

ereiferte sich Frau Maxi Mum, die Redakteurin für Soziales. »Stichwort Renten, Erbrecht, Sozialrecht und, und, und. Der hervorragende Artikel unseres Arbeitsministers zum Beispiel hat soviel Leserfragen eingebracht wie selten! Ehrlich!«

Der alte Kernspeitel, der bereits zwei Revolutionen und dreizehn Redaktionen nahtlos überstanden hatte, knurrte mißmutig: »Na, darüber braucht man sich doch nicht zu wundern.«

Die Hobbylyrikerin Franziska von Wieden meinte mit elegischem Augenaufschlag: »In dieser streßigen Zeit sehnen sich die Menschen nach Ruhe, nach dem Schönen und Guten. Mit Power, wie mein geschätzter Kollege Bock glaubt, stacheln wir die Leidenschaften nur noch auf. Laßt mehr Dichter zu Wort kommen, die Kundschafter der Seele! Oder Theologen, die Kundschafter des Herzens! Oder feinsinnige Politiker, die Kundschafter des Volkswillens ...«

»Wo gibts denn die?«

»Also Herr Kollege Kernspeitel, lassen Sie die Kollegin aussprechen! Etwas mehr Kultur, bitte! Wir sind hier nicht im Parlament.« Der Chef deutete eine Verbeugung in Richtung der Lyrikerin an. Aber sie wollte nicht mehr. Sie sei mit ihrem Diskussionsbeitrag ohnedies am Ende gewesen.

»Dennoch!« Der große Koordinator meldete Einspruch an: »Statt Kundschafter sollten wir lieber einen anderen Begriff wählen. Sie wissen doch ..., Sie verstehen doch, nicht wahr? Vielleicht sagen wir lieber Ingenieure des Herzens, der Seele und so weiter und so fort.«

Der Vorschläge gab es mehrere, die aber allesamt schon als gebongt abgetan wurden: Kreuzworträtsel haben wir, Kochrezepte, Ratschläge für gesundes Leben, tiefenspsychologische Betrachtungen zu neuen

Befindlichkeiten auch, Hinweise zur Vermeidung von Sodbrennen, zum Anbau von frostfesten Apfelsinenbäumchen, zur Verschönerung der Umwelt, zum Beispiel bei Eisenbahnviadukten, die es ja überall gibt, zur Verstärkung der Bauchmuskulatur, zu geselligen Feten ohne Alk, kurz zum Leben in der Dreidrittelgesellschaft überhaupt.

Dennoch, der Boß war noch nicht ganz zufrieden. »Etwas fehlt, da war doch noch was? Aber es fällt mir jetzt nicht ein.«

Die Sekretärin hat die ganze Zeit durch die offene Tür mitgedacht. Sie nahm sich ein Herz, schwebte ins Zimmer und erlaubte sich zu sagen: »Also wenn Sie mich fragen, ich möchte gern was zum Lachen lesen. Ist ja alles schon so ernst und traurig.«

»Jaaaaa!« Wie aus einem Mund kam die Erleuchtung. »Humor, Leute, fehlt uns, Humooor!« Natürlich der alte Kernspeitel, der dem Chef wieder einmal das Schlußwort aus dem Mund nahm. Nur der große Koordinator behielt Fassung und fragte trocken: »Und woher nehmen, den Humor?«

Das war die Sternstunde des großen Schweigers Valentin, des Boten der Redaktion: »Is doch janz einfach. Machen wir doch ein Preisausschreiben. Wir sind die einzige Zeitung, die sowat noch nich jemacht hat.«

WER SCHREIBT DIE LUSTIGSTE KURZGESCHICHTE? Eine glorreiche Idee. »Nur«, da gaben alle dem besonnenen Koordinator recht, »die Geschichte darf *nicht mehr* und *nicht weniger* als 200 Wörter haben. Das diszipliniert die Schreiber.«

Das Ergebnis war überwältigend. 321 Leser schickten ihre Geschichte. Aber nur eine davon wurde aus Platzmangel veröffentlicht, die des 82jährigen Rentners Gustav Kümmel aus dem Feierabendheim »Spätes Glück«. Er schrieb: »Die Nachtschwester hat unsere Gebisse eingesammelt. Zum Reinigen. Am Morgen lagen alle durcheinander in einer Schüssel, dazu das Schild ›Selbstbedienung‹. Die restlichen 184 Wörter haben wir gesprochen.«

Fahndung nach einer Straßenbahn

Ein nicht ganz erfunder Bericht
des Lokalreporters Felix F.

In jüngster Zeit nimmt die Unsitte zu, Straßenbahnen zu entwenden. Wir rekonstruieren hier anhand uns bekannter Indizien den Fall eines solchen besonders verwerflichen Diebstahls.

In einem STRASSENBAHNHOF DER KÖPENICKER VERKEHRSGESELLSCHAFT (KVG) versah Rangierer Leopold M., verheiratet, glaubenslos, parteilos, seinen Dienst. In der Nacht vom 8. bis zum 9. ging er in den Schuppen, um seine Ölkanne nachzufüllen.

Da entdeckte er plötzlich, daß eine STRASSENBAHN VERSCHWUNDEN ist, die vor wenigen Minuten noch auf dem Gleis stand. Er sah nach der Uhr, MITTERNACHT war längst vorbei, und um diese Zeit verläßt normalerweise keine Bahn mehr das Depot. Rangierer M. fand das Verschwinden der Bahn REICHLICH VERDÄCHTIG, weshalb er entsprechend seinen Vorschriften unverzüglich beim nächsten POLIZEIREVIER anrief. Und damit beginnt die Kette folgenschwerer Mißverständnisse.

Der DIENSTHABENDE Wachtmeister L. zweifelte an der Glaubwürdigkeit der Verlustmeldung und gab dem Rangierer M., der sich als solcher am Telefon nicht genügend ausweisen konnte, den freundschaftlichen Rat, erst einmal seinen Rausch auszuschlafen. Rangierer M. verzichtete daraufhin weise auf eine weitere Meldung an seinen Vorgesetzten. DIES WAR DIE ERSTE FEHLERHAFTE UNTERLASSUNG ENTGEGEN DER DIENSTVORSCHRIFT.

Als am nächsten Tag die Straßenbahnarbeiter zur Frühschicht kamen, vermißte zunächst keiner das verschwundene kommunale Verkehrsobjekt. Erst als ein Bautrupp seinem Einsatzbefehl nachkommen wollte, stellte sich heraus, daß der dazu nötige ARBEITSWAGEN FEHLTE. Nachdem sich der vermißte Gegenstand nicht gleich einfand, hielt es der Betriebsleiter Gottlieb T. für geboten, ebenfalls die POLIZEI ZU VERSTÄNDIGEN.

Doch auch hier reagierte der Wachhabende nicht so, wie es seine Pflicht gewesen wäre. Statt Fahndungsmaßnahmen nach der verschwundenen Straßenbahn einzuleiten, antwortete er, er habe jetzt keine Zeit, sondern muß erst eine Lokomotive suchen lassen, die in Rummelsburg gestohlen wurde. Doch wie sich später herausstellte, wurde gar keine Lok gestohlen. Im Fundbüro der Reichsbahn sei auch keine abgegeben worden.

Der Betriebsleiter des Straßenbahndepots sah sich darauf hin gezwungen, zur Selbsthilfe zu greifen, und er berief DIESBEZÜGLICH eine Suchexpertenkommission ein. Raumpflegerin Amanda Sch., welche sich in ihrer kulturellen Freizeit mit der Züchtung von Rassehunden befaßt, stellte sofort ihren preisgekrönten Rüden Bertram von Hirschfelde zur Verfügung, ZWECKS SPURENAUFNAHME. Doch bis zum Eintreffen des Hunde-Adligen verging kostbare Zeit, welche die Spurenverwischung erleichterte. DIES WAR DAS ZWEITE VERSÄUMNIS.

Aber dann geschah es. Seine Durchlaucht Bertram von Hirschfelde schnupperte an einem Putzlappen, und nun begann die wilde Jagd. Nach mehrmaligem Apportieren dieses ölverschmutzten Fetzens rannte Bertram von Hirschfelde in südliche Richtung. Eindeutig, die FLÜCHTIGE STRASSENBAHN WAR DEMNACH ÜBER OBERSCHÖNEWEIDE NACH GRÜNAU, VON DORT BIS SCHMÖCKWITZ UND DANN WIEDER ZUM S-BAHNHOF LICHTENBERG gerast, wo sie von den Fahndern in einer SEITENSTRASSE gestellt werden konnte.

Nachdem man in einer kurzfristig einberufenen Straßenanliegerversammlung erkundet hatte, daß keinem der Bewohner die Straßenbahn gehört, war mit an Sicherheit grenzender Wahrscheinlichkeit anzunehmen, daß es sich um die im Tatvergehen genannte Straßenbahn handelt. VOM TÄTER WAR JEDOCH KEINE SPUR mehr zu finden. Offensichtlich hatte er sie verwischt.

Aber wie ging es weiter, und zu welchen Schlußfolgerungen kam die Betriebsleitung der KVG? Zunächst ZU KEINEN, da die Ermittlungen noch immer nicht abgeschlossen waren und zeitweilig sogar unterbrochen werden mußten, weil IN DEN FOLGENDEN ACHT WOCHEN ABERMALS DREI STRASSENBAHNEN AUS DIESEM DEPOT ABHANDEN KAMEN. Dank der Wachsamkeit ZWEIER STRASSENBAHNER und des schnellen Zugriffs eines STREIFENWAGENS konnte dann endlich der langfingerige Straßenbahnräuber gestellt werden. Es handelte sich um einen

Jugendlichen von 19 Lenzen mit Abschluß der 6. KLASSE UND 1,8 PROMILLE ALKOHOL IM BLUT. Dies war das 4. Glied in der Kette der Indizien und nunmehr der ANLASS ZU ERNSTEN MASSNAHMEN seitens der KVG, um mit den Straßenbahndiebstählen ein für allemal Schluß zu machen. So kam die Leitung derselben zu folgenden kritischen Schlußfolgerungen:

---

1. Anbringen eines Schildes mit der Aufschrift: Betteln, Hausieren und Straßenbahnfahren für Unbefugte verboten!
2. Das Betriebspersonal ist zusätzlich mit einem bunten Band am Mützenrand zu versehen, damit die Befugten besser als solche erkennbar sind.
3. Den Lehrern der Patenschule wird als vorbeugende Maßnahme eine strenge Rüge ausgesprochen, damit sie in Zukunft rechtzeitig auf die Gefahren des Straßenbahndiebstahls aufmerksam machen.
4. Die Anlieger an Straßenbahnschienen werden verpflichtet, eine ehrenamtliche KSWSG (Köpenicker Straßenbahn Wach- und Schließgesellschaft) zu gründen und einen entsprechenden Streifendienst zu organisieren.
5. Der Schäferhund Bertram von Hirschfelde ist mit einem Kringel Wurst zu prämiieren.

Der Vorschlag des Rangierers M., doch wieder EINEN NACHTPFÖRTNER einzustellen, mußte AUS SPARSAMKEITSGRÜNDEN ZURÜCKGEWIESEN werden. Ebenso zwecklos sei, lautete die Antwort auf eine entsprechende Anfrage, DIE STRASSENBAHNKURBELN nach Feierabend wegzuschließen, da es dunklen Elementen keine Schwierigkeit bereite, solch eine Kurbel beim nächsten Schlosser anfertigen zu lassen.

Wir möchten dem nichts weiter hinzufügen als den Rat, die Straßenbahnen im Depot, vor Geschäften, Kneipen und an den jeweiligen Haltestellen mit einer Kette zu sichern. Es erweist sich ferner als zweckmäßig, die Fabriknummer der Bahn aufzuschreiben, damit der Polizei die Fahndung erleichtert wird. Bekanntlich pflegen Straßenbahndiebe das gestohlene Gut unkenntlich zu machen.

Da anzunehmen ist, daß mit zunehmendem Verkehr noch mehr Straßenbahnen gestohlen werden, bitten die KVG und Polizei um mehr Aufmerksamkeit beim Verkehr. Zweckdienliche Hinweise nimmt jedes Polizeirevier unter der Nummer 56789 entgegen, wenn's sein muß, auch vertraulich.

(Die in Versalien gesetzten Personen, Tatbestände und Sachverhalte sind dem Untersuchungsprotokoll entnommen.)

WERBUNG

Pickel,
Warzen,
Mitesser,
unangenehmer Körpergeruch,
Mundfäule
sind harmlose Gebrechen gegenüber
dem ständigen
Angstgefühl,
den Zug des Modernen zu verpassen.
Modern ist der Besitz eines edlen
Rassehundes.
Fordern Sie noch heute den Katalog
unseres Zuchtinstituts

»Heimglück«,

Eisenberg, Pudelweg 6, an.
Knöchelverzeichnis
für gesunde Ernährung
gratis!

Fridolins letztes Bellen

Fridolin Speiser schlürfte seinen Morgenkaffee, während seine Frau Malvine zwei dünne Butterbrote und einen Apfel in die Aktentasche legte.

»Kommst du wie immer!« fragte sie beiläufig. Seit Jahren fragt sie so.

»Wie immer«, antwortete Fridolin, schob die Tasse behutsam von sich, prüfte im Spiegel noch einmal den Sitz seiner Krawatte, zog sich den Staubmantel über, ließ sich Kragen und Schulter flüchtig abbürsten, streichelte den Dackel Strolchi, gab seiner Frau ein trockenes Küßchen und prüfte an der Tür die Glaubwürdigkeit der Wettervorhersage. Strolchi wedelte heftig mit dem Schwanz. Wie immer, wenn Herrchen morgens zur Arbeit ging.

Fridolin begab sich gemächlichen Schrittes auf den Weg, vorbei an der alten Schule. Die ersten Kinder lärmten heran, riefen »Guten Morgen, Herr Speiser!« Im kleinen Park, den Fridolin durchquerte, bremsten einige Spätaufsteher in Jogginganzügen ihr Lauftempo: »Hallo, Herr Speiser!« Zwei Penner schlurften zu ihrer angestammten Parkbank, hoben grüßend die Flasche: »Moin, Herr Speiser!« Tag für Tag war das so, man kannte sich, man grüßte sich – wie immer.

Fridolin betrat das Bürohaus. Der Pförtner erwies ihm seine Ehrenbezeugung in strammer Sitzhaltung, mit zwei Fingern an der Mütze. Die Raumpflegerinnen sammelten sich zum Frühstück: »Ach, der Herr Speiser! Pünktlich wie immer!«

Fridolin streckte sich. Man sollte ihm seine Jahre nicht ansehen. Im Fahrstuhl standen wie immer die gleichen Leute, eine Superwasserstoffblonde kommentierte die morgendliche Parade Fridolins laut genug, daß er es auch hören konnte: »Rüstig wie immer, der Herr Speiser!«

Das tat wohl. Fridolin öffnete eine Tür, auf der in schöner schwarzer Antiqua »Poststelle« stand. Poststellenleiter Speiser schritt diagonal durch einen größeren Raum, an dessen Wände sich nur Regale befanden, zwei Tische in der Mitte vom Ausmaß einer Tischtennisplatte, vier Stühle drumrum, eine Brief- und eine Paketwage, in Griffnähe Leimtöpfe, Klebebänder, Bindfadenrollen, Schere, Stempel – eben alles, was in einem Poststellenarbeitsraum für den täglichen Postein- und ausgang notwendig ist.

Speiser prüfte kurz und streng, ob auch alles ordentlich aufgeräumt ist und ging durch eine zweite Tür in sein Büro, ein schlicht eingerichtetes Örtchen mit Telefon und Waschbecken. Er hing seinen Mantel in den Spind, sein Sakko auch, und zog einen sauberen Kittel über sein gestärktes Hemd. Fridolin genoß am Schreibtisch einige Minuten lang die Stille des beginnenden Arbeitstages.

Bald darauf steckten zwei korpulente Damen und ein spindeldürrer Laufbursche den Kopf durch die Tür: »Guten Morgen, Herr Speiser! Na, dann woll'n wir mal wieder – wie immer!«

Der Tag begann wie immer – mit Telefonrasseln, mit An- und Nachfragen, mit Kommen und Gehen. Alltagseinerlei. Nur manchmal flatterten junge Dinger aus dem Haus in Fridolins Büro: »Ach, Herr Speiser, könnten Sie mal...«, »Lieber Herr Speiser, würden Sie mal so gut sein...« Fridolin Speiser ist immer gut, das wissen die Schmusekätzchen, aber er kann nicht jeden ihrer Sonderwünsche erfüllen. »Nein, mein Töchterchen, das geht nicht, während der Arbeitszeit darf ich das Haus auch nicht verlassen. Es sei denn...«

Nun ja, manchmal ergab sich schon so ein »Es-sei-denn«, und Fridolin tat den hübschen Mäuschen diesen und jenen Gefallen, machte einen Sprung in die Läden nebenan und besorgte dies und das, wofür er, der gute Papa Speiser, mit einem nicht immer trockenen Küßchen himmlisch belohnt wurde. Er wischte es aber gleich sorgfältig ab.

Gegen zehn Uhr wird es still in der Poststelle. Frühstückszeit. Die beiden Frauen und der Laufbursche begeben sich ins Etagenfrühstückszimmer. Fridolin bleibt wie immer in seinem Kapuffchen. Einer muß ja erreichbar sein. Im Notfall.

Wie immer zu dieser Zeit griff Fridolin zum Telefon, wählte, sagte »Ich bin's«, redete mit seiner Gattin über etwas Belangloses, das mit dem Wunsch endete: »Gib mir mal Strolchi!«

Fridolin bellte dreimal kurz in die Membrane, lauschte lächelnd auf die Antwort, bellte abermals, lauschte, steigerte den Disput mit fürchterlichem Knurren, lauschte, wauwaute in tieferer Tonlage, legte kleine Kunstpausen ein und beschloß den Dialog mit einem gedehnten, wehmütigen »Wwoiiiiii waffwaffwaff!«

Kein Mensch im Haus hatte bisher dieses seltsame, anrührende Gespräch mitbekommen.

Bis heute. Aus unerklärtem Grunde blieb seine Mitarbeiterin Selma Amsel dem Frühstückstreff fern. Sie traute ihren Ohren nicht. Hat da nicht ein Hund gebellt? Wie kommt der in Herrn Speisers Büro? Frau Amsel ist ängstlich wie die meisten schwergewichtigen Damen. Sie legte das Ohr an die Tür. Sie hörte richtig. Das bellte und knurrte ganz fürchterlich. Ganz leise und ganz langsam öffnete sie die Tür zu einem winzigen Spalt. Sie sah ihren Chef, den Poststellenleiter Fridolin Speiser am Telefon Wauwauen und wie einen Wolf heulen. Sie schloß ganz, ganz sachte wieder die Tür, rannte, wie von Hunden gehetzt ins Früchstückszimmer und hechelte außer Atem: »Kommt mal schnell mit, der Speiser bellt!«

Die beiden Damen und der Laufbursche lauschten. Aber der Speiser bellte nicht. »Er hat aber gebellt«, schwor flüsternd Selma Amsel. »Ich habe es gehört und gesehen.«

Solch ein ungewöhnliches Erlebnis bleibt in keinem Busen verborgen, und sei er noch so gewaltig. Denn gegen Mittag erschien der Personalchef höchst persönlich im Büro des Poststellenleiters. »Na, Herr Speiser, wie geht's uns denn so?«

Fridolin war so erschrocken über den ungewöhnlichen Besuch, daß er zunächst kein Wort herausbrachte. Vierzig Jahre war er in diesem Haus, vierzig Jahre lang hatte sich kein Personalchef in seinem bescheidenen Kapuffchen blicken lassen, und jetzt nach vierzig Jahren taucht plötzlich der Herr über vierhundert Seelen bei ihm auf und fragt: »Na, wie geht's uns denn so? Das war ein Schock für Fridolin. Und nachdem der Herr Personalchef sich sogar hinsetzte und seinem Angestellten warmherzig in die Augen sah, stotterte Fridolin: »Na, wie's halt so geht, wie immer.«

»Sie sehen ein bißchen angegriffen aus, lieber Speiser. Spannen Sie doch mal zwei Tage aus, und dann gehen wir mal zum Arzt. Wie lange sind Sie schon bei uns? Vierzig Jahre?! Na, das ist eine schöne Zeit. Also lieber Speiser, dann ...«

Chefs beenden selten den letzten Satz, weil sie fürchten, er könnte eine allzu menschliche Aussage haben.

Fridolin wußte nicht wie ihm geschah. Er zog seinen Kittel aus, das Sakko an, den Staubmantel über und ging. Die gute Amsel öffnete ihm mit kummervoller Miene die Tür, streichelte seinen Oberarm und raunte teilnahmsvoll: »Wird schon wieder werden, Herr Speiser.«

Die ersten Kinder kamen aus der Schule und riefen ihm zu: »Tag, Herr Speiser!« Fridolin betrat sein Häuschen durch den Hintereingang, der Hund Strolchi bellte wie verrückt und wedelte glücklich mit dem Schwanz, Gattin Malvine fragte höchst erstaunt: »Was, schon jetzt? Sonst kommst du immer erst um fünf!?« Und es hörte sich wie ein Vorwurf an.

»Immer ist nicht immer wie immer«, sagte Fridolin, und es klang ein bißchen traurig und philosophisch.

Der kleine Mann aus dem großen Haus bellt nicht mehr. Schade! Und was lehrt uns diese Geschichte im übertragenen Sinne? Die Gesellschaft ist um ein menschliches Bedürfnis ärmer geworden: täglich einmal laut bellen und knurren zu dürfen, ohne personell ernsthaft Schaden zu nehmen.

Behalte deinen Humor,
auch wenn dir das Lachen
im Halse stecken bleibt.

Die Hundesteuer

Ich sehe ja ein, daß jeder Staat, der etwas von sich hält, Steuern eintreibt. Auch Hundesteuern. Hundesteuern haben immerhin den Vorzug, dem Fiskus der Kommunen zugutezukommen. Sie haben indes den Nachteil, willkürlich festgelegt zu werden, und weder Mensch noch Hund können sich dagegen wehren.

Neulich haben die Ratsväter und -mütter beschlossen, die Hundesteuer auf 72 Mark pro Hund und Jahr zu erhöhen, ohne Mensch und Hund zu fragen. Ich schnappe mir meinen Hund und begebe mich ins Rathaus, obwohl ich weiß, daß man im Rathaus nie einen Rat bekommt.

»Was ist das?« fragte ich die Hundesteuerbeamtin und zeigte auf meine Manteltasche, aus der mein Lilliput neugierig herausschaute.

»Ach was für ein süßes, niedliches Hundchen!« flötete die Dame verzückt und bemühte sich um freundliche Annäherung: »Na, dudududu, bist ja so brav und hast es warm in der Tasche deine Herrchens, gelle?«

»Das Hundchen ist ein Rehpinscher, falls Ihnen das was sagt, und nun erklären Sie bitte einmal, gnädige Frau, warum ich für das süße, niedliche Hundchen 72 Mark Steuer bezahlen muß?«

»Weil es die Gemeindevertretersitzung (schon das Wortungetüm reichte mir) so beschlossen hat, mein Herr!«

»Mein Nachbar, verehrte Dame, hat eine Ziege. Die ist viel größer als das Hundchen. Außerdem meckert sie den ganzen Tag. Eine Ziegensteuer hat der hohe Rat nicht beschlossen. Darf man daraus schließen: Wer meckert, braucht nicht zu blechen?«

Die Beamtin stutzte einen Augenblick lang, sagte dann aber abwehrend: »Ach kommen Sie mir doch nicht politisch. Ich mach doch die Gesetze nicht, ich habe sie nur auszuführen!«

»Gebongt«, räume ich ein, ließ aber nicht locker: »Der Veterinärmediziner Dr. Klaue hat zwei Kanarienvögel und einen Papagei in seinem Wintergarten. Er braucht für sie keine Steuer zu zahlen. Was ist denn der Unterschied zwischen Hunden und Vögeln, wenn ich mal fragen darf?«

»Was Sie für Fragen stellen?« Die Lady lächelte und errötete leicht. »Ich kann Ihnen wirklich nicht mehr sagen, als daß Hundesteuern eben bezahlt werden müssen.«

»Und warum geht das nicht nach Gewicht? Es ist doch wohl ein Unterschied, ob ich einen Bernhardiner oder einen Rehpinscher habe.«

Die Frau blieb eisern, und das ehrte sie: »Egal ob groß oder klein, sie sind alle gleich besteuert. Nur Nutzhunde sind steuerfrei. Diensthunde der Polizei, Blindenhunde, Wachhunde und so weiter.« Dazu müßte ich aber einen Steuerbefreiungs- und Steuerermäßigungsantrag stellen.

»Mein Lilliput ist sehr wachsam. Der knurrt und bellt schon, wenn er ein Mäuschen rascheln hört. Soll ich ihn als Wachhund anmelden? Was raten Sie mir, Verehrteste?«

Sie lächelte dienstfreundlich, wie Beamte eben zu lächeln pflegen: »Wie meinen? Das kleine Puschelchen hier kann doch wohl allen Ernstes nicht als Wachhund bezeichnet werden!«

»Lilliput ist nicht nur wachsam, er beißt auch. Er hat Charakter und ist sich seiner männlichen Würde bewußt. Versuchen Sie mal, ihn am Schwanz anzufassen!«

Die gewissenhafte Hundesteuerbeamtin tat es nicht, aber sie gab mir, allen meinen Erfahrungen widersprechend, doch einen Rat: »Bringen Sie Ihrem süßen, niedlichen Hundchen doch das Miauen bei, und kein Steuerprüfer wird Sie belästigen.«

Jetzt übe ich jeden Tag mit Lilliput. Wauijau kann er schon.

Aber nun frag ich mich als verantwortungsbewußter Staatsbürger: Wo kämen unsere Kommunen hin, wenn alle Hundehalter das tun würden?

Aus dem Tagebuch eines Ordnungsamtsleiters

AUSSCHREIBUNG! In Anbetracht des wachsenden Hausmülls und der notwendigen Entsorgung wird von der Gemeinde Schnackelhausen die Stelle eines Ordnungsamtsleiters ausgeschrieben. Interessenten bewerben sich bitte mit Lebenslauf und zwei Paßfotos in der Gemeindeverwaltung Schnackelhausen, Hauptstraße 123. Persönliche Vorstellung ist erwünscht.

Da ich gerade keine feste Anstellung hatte, fragte ich meine Frau, was sie davon hält. Sie habe nichts dagegen, sagte sie, die Rumgammelei muß endlich mal aufhören. »Aber putz dir die Schuhe ordentlich, wenn du von der Arbeit kommst!« Eingedenk dieser Mahnung machte ich mich auf den Weg zum Gemeindeamt. In einem Tagebuch habe ich meine Karriere festgehalten:

4. März: Zum Herrn Bürgermeister hat mich die Vorzimmerdame, kurz Vozida, nicht gleich durchgelassen. Ich mußte erst einen Fragebogen ausfüllen. Der hatte mehrere Seiten. Was da alles gefragt wurde! Ob ich geboren und getauft bin und warum. Ob ich zur Schule ging und wie lange. Was ich gelernt habe und wo. Ab wann ich gearbeitet habe und bei wem. Am schlimmsten waren die politischen Fragen. Ich mußte alle anzeigen, die zur Familie und zu meinen Vorfahren gehören, auch Freunde und Bekannte, und ob diese in einer Partei waren oder in einem anderen Verein. Mich hat das nicht weiter gejuckt, weil ich ein unbeschriebenes Blatt bin und nie zu einer Versammlung ging, nur wenn ich mußte. Mein Vater dagegen war wie mein Großvater Träger der roten Mainelke, das könnte schon Schwierigkeiten geben.

6. März: Die Vozida nahm mir heute den Fragebogen ab, steckte ihn in einen großen Umschlag und klebte ihn eigenzüngig zu. »Warum das?«, fragte ich, »können Sie den Bogen nicht gleich zum Bürgermeister reinlangen?« Das ginge nicht, sagte sie, wegen des Datenschutzes. Und ich kriege Bescheid.

12. März: Heute kriegte ich Bescheid. Am 18. März soll ich beim Herrn Bürgermeister vorsprechen. Ich ging vorher zum Frisör und kaufte mir eine neue Krawatte.

18. März: Der Herr Bürgermeister hat mich freundlich empfangen. Er stand sogar von seinem Sessel auf und sagte: »Sie sind unser Mann, und morgen fangen Sie gleich an.« Er hat wie ein Kellner auf eine Sitzecke gezeigt, wo sich sonst vielleicht nur Minister und andere hohe Gehaltsempfänger hinsetzen dürfen. Dort spendierte er einen Schnaps. Nachdem wir uns einig waren, sprach er: »Wenn die Aufgabe steht, entscheidet die Organisation alles.« Das habe ich verstanden, hab ich früher mal in Staatsbürgerkunde gelernt. Der Herr Bürgermeister wünschte mir Glück und gab mir sogar die Hand. Ein feiner Mensch.

19. März: Mein Amtszimmer ist zwar klein, dafür zum Hof raus. Telefon hab ich auch. Auch darf ich die Vozida vom Herrn Bürgermeister benutzen, wenn sie frei ist. Der Herr Bürgermeister stellte mir einen anderen Herrn vor, seine rechte Hand. Der machte sogar eine Verbeugung, als er hörte, ich sei jetzt ein wichtiger Mann im Amt. Da machte ich vorsichtshalber auch eine Verbeugung. Wichtige Männer haben auch etwas zu sagen, dachte ich mir, und wer was zu sagen hat, hat auch Macht. Zwar nicht so viel wie der Herr Bürgermeister, aber immerhin.

21. März: Heute war Sprechtag, und ich vollzog meine erste öffentliche Handlung. Deshalb ließ ich ein Schild an meine Tür anbringen, auf dem »Ordnungsamtsleiter« steht.

Drei Besucher warteten meiner auf dem Flur. Der erste war eine Frau. Sie fragte mich, ob es in Ordnung ist, wenn ihre Schwiegermutter dauernd angewetzt kommt und ihr vorschreibt, was sie tun muß und was nicht und wie sie ihren Sohn behandeln soll. Ich unterbrach sie öfter und sagte, daß sie hier an der falschen Stelle ist, ich bin für Müll verantwortlich. Aber dann meinte sie, sie ist hier richtig, die Alte gehört schon längst auf die Müllhalde.

Der zweite Besucher war schon weg, weil es ihm zu lange gedauert hat, und der letzte Besucher hat ziemlich rabiat gefragt: »Wann funktioniert in diesem Scheißnest endlich die Müllabfuhr?« Ich erklärte ihm, daß ich jetzt dafür zuständig bin, und es wird sich alles ändern. Da ging er und hat die Tür zugeknallt.

3. April: Dieser Tag war ein zutiefst entscheidender. Ich mußte vor dem Rat über den Stand der Mülleration referieren. Meine Anordnung, erst einmal die vorhandenen Müllkästen zu erfassen, fand lebhaften Beifall. Die staunten nicht schlecht, als sie von mir hörten, daß es in Schnackelhausen 65 km Straßen und Wege gibt. Die muß man erst einmal abklappern, das geht nicht so ruckizucki. Dazu muß ein Ordnungsplan erstellt werden, ein wissenschaftliches Entsorgungsnetzwerk sozusagen. Der Bürgermeister klopfte mir am Schluß meiner Darlegungen auf die Schulter und sagte: Weiter so, mein Lieber, Sie liegen in der richtigen Richtung.

8. April: Ich besichtigte heute mit der Vozida die ersten 20 Grundstücke und legte mit den Anliegern die Müllkästenabstellplätze fest zwecks rationeller Abfertigung. Und wenn die Müllfahrer kommen, möchte bitte einer zu Hause sein. Die Selbstaufschließung des Gartentores mit Nachschlüssel und so, das geht nicht mehr. Jetzt merkten die Einwohner, daß es ernst mit der Ordnung wird, und sie beruhigten sich.

16. April: Alle Einwohner kennen jetzt ihre Müllkästenabstellplätze und sind auf die neue Entsorgungsstruktur eingestellt. Der Bürgermeister lobte meine bürgernahe Arbeit.

24. April: Der Bürgermeister gab mir heute einen Packen Beschwerden, welche ich beantworten soll. Darin hieß es erstens, mit der Müllabfuhr klappt es noch immer nicht; zweitens wohin mit den leeren Flaschen und dem Altpapier? und drittens regten sich einige Leute auf über angebliche Wald- und Wiesenschänder, die Matratzen, Kleinmöbel, defekte Kühlschränke, Autowracks und anderen Wohlstandsmüll unordentlich dort hinschmeißen. In einem Flugblatt unter der Überschrift »Kampf dem Müll!« erließ ich die Maßnahme, dem Müll den Kampf anzusagen.

Zuwiderhandelnde, die erwischt werden, werden mit einer Ordnungsstrafe belegt. Ich denke, das zieht.

1. Mai: Beim Volksfest kam der erste Vorsitzende der Laienspielgruppe e. V. auf mich zu und fragte, ob er den Kampf gegen den Müll irgendwie unterstützen kann. Hab ich mich gefreut, also trägt meine amtliche Tätigkeit schon Früchte. Ich schlug ihm vor, vielleicht ein Stück zu schreiben. Der Titel könnte heißen »In Dur und Müll« oder so. Hat der sich gefreut über meine Idee. Ich wunderte mich selbst, woher ich die hatte.

14. Mai: Der Bürgermeister teilte mir heute ziemlich ernst mit, daß auf der nächsten Gemeindevertretersitzung der Punkt Entsorgung behandelt wird, ich soll mich schon darauf vorbereiten. Auch ist der Bürgermeister seit einiger Zeit nicht mehr so freundlich zu mir. Ich werd ihm das Gegenteil beweisen.

22. Mai: Heute war die Gemeindevertretersitzung, auf der einige Abgeordnete von der Opposition mir in den Rücken fallen wollten. Aber nicht mit mir! Als ich ihnen sagte, ab 1. Juli tritt die neue Entsorgungsverordnung in Kraft, da haben sie ganz schön dumm aus der Wäsche geguckt. Wo gibt's denn sowas, mir und dem Herrn Bürgermeister in die Amtsgeschäfte reinzureden!

3. Juni: Der Herr Landrat teilte mit, daß für unsere Gemeinde vier Großcontainer zur Verfügung stehen. Der Herr Bürgermeister klopfte mir wieder aufs Kreuz und meinte, es sei ein Lichtblick, und das müssen wir den Bürgern mitteilen. Ob ich eine Idee habe? Ich sagte, da muß ich noch nachdenken.

4. Juni: Meine Idee hat dem Herrn Bürgermeister so gut gefallen, daß er mir in seiner Sitzecke wieder einen Schnaps spendierte.

5. Juni: An diesem Tag hat die Post in allen Haushalten meine Idee verteilt. Ich organisierte zwei Busse zu einer Kaffeefahrt in die Kreisstadt mit einer Werbeverkaufsveranstaltung. Die in unserem Ort ansässige Designerin Frau Mechthild Paarhuf wird ihre neuesten Hutmodelle vorführen. Als besonderer Höhepunkt wurde die Besichtigung der vier Großcontainer angekündigt. Auch ein Fotograf wurde bestellt, die Teilnehmer können sich vor dem Container fotografieren lassen.

12. Juni: Leider brauchten wir für die drei Rentnerehepaare nur einen Bus. Die meisten Leute, die ich fragte, ob sie mitkommen, meinten, von Kaffeefahrten haben sie genug. Sei alles Schwindel und Beschiß. Dem kann ich nicht zustimmen. Die Teilnehmer wurden vor dem Container geknipst, das Foto soll in der Kreiszeitung veröffentlicht werden. Also kein Schwindel.

17. Juni: Als ich heute in meinem Amtssitz die weiteren Angelegenheiten wahrnehmen wollte, wurde ich durch ein Klopfen abgehalten. Es erschien der erste Vorsitzende der Laienspielgruppe e. V. in der Verkleidung eines englischen Butlers. Er reichte mir auf einem silbernen Tablett einen Brief und sprach vornehm: »Müllord, der Müll!« Dann öffnete er die Tür und herein kam eine Abordnung der Bürgerschaft. Sie stellten vor meinem Schreibtisch volle Müllkästen ab, große Zeitungsbündel und Kartons voller leerer Flaschen. Ich sagte, das ist aber nicht die feine englische Art, und kündigte.

18. Juni: Der Herr Bürgermeister sagte, daß er meine Kündigung nicht anerkennt. Auch hat seine Sekretärin mit der Entsorgung schon alles geregelt. Alle 14 Tage werden die Müllkästen geleert und die vier Großcontainer im Ort verteilt. Für mich hat er eine neue Aufgabe, ich soll jetzt das Liegenschaftsamt übernehmen, denn da kommt was auf uns zu. Dafür krieg ich eine höhere Gehaltseinstufung, schon wegen der Opposition.

19. Juni: Heute trat ich in die Partei des Herrn Bürgermeisters ein.

Abitur mit pikanten Klopsen

Eines Tages beschloß die Landesregierung in weiser Weitsicht, daß die künftigen Abiturienten zugleich einen Beruf erlernen sollen. Aber welchen? »Nun«, sprach ein Vertreter des Ministeriums gewichtig in die staatlich gelenkte Mattscheibe, »das muß man dialektisch sehen, gewissermaßen im Zusammenhang von Zeit und Raum und den gegebenen Möglichkeiten. In jedem Ort gibt es Betriebe, und es müßte mit dem Teufel zugehen, wenn sich unsere Menschen nicht danach reißen, unserer Jugend ihre Kenntnisse und Erfahrungen zu vermitteln.«

Unsere Menschen haben sich aber gar nicht so danach gerissen. Im Gegenteil, sie deuteten mit vielsagenden Gesten an, daß bei den Erfindern dieses Planes im Oberstübchen etwas nicht stimmt.

Aber wie das im Leben so ist, die Dialektik setzt sich mit Nachdruck auch dort durch, wo keine Schlote rauchen, keine Dämpfe zischen, keine Kühe muhen, keine Wasser fließen, also auch in einer Kreisstadt wie der unseren.

Was gab es da schon. Ein paar Handwerksbuden, eine Pantoffelfabrik, eine Schnapsbrennerei, einen dreckigen Bahnhof, eine Nähstube des Demokratischen Frauenbundes, eine Straßenmeisterei, im

Volksmund Flick-Konzern genannt, weil sie nur Straßenlöcher flickte. Ein Dutzend verräucherte Kneipen gab es auch und einen emeritierten Koch, der in seiner Jugend und Kombüse durch die Quallensee schaukelte und schon deshalb prädestiniert schien, den verzweifelt grübelnden Stadtvätern einen optimistischen Vorschlag zu unterbreiten: »Wie wär's«, knarrte er mit rauchiger Stimme, »wenn wir eine Kochklasse für die Oberschüler einrichten?« Er selbst könnte, wo er doch sieben Weltmeere befahren hat, dieselben unterrichten.

Das war ein Angebot und zugleich ein Ausweg aus der verflixten Lage. Das Oberhaupt des Rates faltete einige Augenblicke lang die Stirn und nickte, die übrigen Ratsmitglieder nickten danach entschlossen mit, und der Schulrat küßte ergriffen die stoppeligen Wangen des alten Fahrensmannes. Einstimmig beschlossen sie, für die künftigen Abiturienten des Kreises eine Kreiskochklasse einzurichten.

Nun kommt es oft anders, als man denkt, und das hängt wiederum mit der Dialektik zusammen. Um neun Uhr früh rief mich der Schulrat an und sagte: »Hör mal, du als Sekretär des pädagogischen Hilfswerkes und Vorsitzender der Kreisschulspeisungskommission mußt heute abend zur Oberschule kommen. Da sind ein paar Eltern versammelt, die haben etwas gegen uns.«

»Ach nee«, sagte ich, »interessant. Was sind denn das für Leute?«

Er wußte es auch nicht ganz genau, meinte aber, es wäre gut, wenn ich mir einige Argumente zurechtlegte. Die Leute sollen nicht einverstanden sein, daß alle Schüler der 9. Klasse Koch lernen müssen. »Du wirst schon die richtigen Worte finden«, meinte der Schulrat, »und außerdem bist du nicht allein. Mein

Schulinspektor ist da, ein Vertreter der Kreisgastronomie ebenfalls, und dem Direktor hab ich eingeimpft, ein paar Eltern zu organisieren, mit denen ihr die Diskussion in die richtigen Bahnen lenkt.«

Na schön, sagte ich und ärgerte mich ein bißchen, weil sich der Schulrat schon wieder drückte. Immer wenn's brenzlig wird. Die Zeit war knapp. Ich blätterte die einschlägigen Schuldokumente durch, schlug nach bei Marx und Engels und suchte bei Goethe, Lichtenberg und Hansgeorg Stengel nach geeigneten Aphorismen. Doch das Studium hat nichts eingebracht. Wenn wenigstens einer der Herren etwas über die vorrangige Ausbildung von Köchen an Oberschulen gesagt hätte! So ergeht es einem öfter. Braucht man zur rechten Zeit unter typischen Umständen ein typisches Zitat, ist man verlassen wie Daniel in der Löwengrube.

Aber ich bin ja Gott sei Dank nicht von gestern. Schließlich muß man die Dinge in ihrem optimalen Zusammenhang sehen und im Konsens mit den Widersprüchen. Dialektisch also: Wer baute das vielstöckige Hoyerswerda? Hatten die Bauherren nicht einen Koch bei sich? Ssso muß man argumentieren!

Dann fiel mir ein, daß es nicht schaden könnte zu wissen, wer die Meckerer sind. Deshalb rief ich schnell den Direktor an, der bereits die befohlenen positiven Elternteile instruierte. Beschwerdeführer, so hörte ich, war natürlich ein Arzt, der sich partout in den Kopf setzte: Mein Sohn wird Internist wie ich und kein Reservist für irgendeine übelriechende Betriebskantine! Er werde auch andere betroffene Elternteile zur Aussprache mitbringen. Ich pfiff durch die Zähne. Gut, daß ich das weiß. An diesem Aufruhr beteiligt sich bestimmt ein Pastor, ging es mir durch den Kopf. Ich kenne die Brüder. Die reden so bedächtig mit leisem Singsang dahin und schläfern das helle Bewußtsein ein. Wo ist die Bibel? Irgendwo steht bestimmt was über Köche, vielleicht bei der Hochzeit von Kanaä!

Ich war mir völlig im klaren darüber, daß wir den Arzt fundiert überzeugen müssen. Wie sagte doch der... der...? Ist ja egal. Jedenfalls sagte mal einer, man muß den Gegner mit den eigenen Waffen schlagen. Also: Enzyklopädie der Frau her! Stichwort: Gesunde Ernährung. Der Mensch kann noch so studiert sein und drei Doktortitel haben – wenn ihm im rechten Moment nicht einfällt, wo was steht, ist er geliefert. Jedenfalls nur so kann man einen Arzt weich machen, sachkundig: Geben Sie doch zu, Herr Doktor Sowieso, daß für die Ernährung der Produzenten von morgen eine Kochkunst auf wissenschaftlicher Basis notwendig ist! Also bestätigen Sie meine These mit dem Jawort. Wenn Sie keine Antithese haben, dann ist die einzige Alternative die Prothese. Warum, so frag ich Sie in aller Öffentlichkeit, wollen Sie Ihren Sohn nicht Koch werden lassen? Ich will es Ihnen sagen: nicht weil es ihm an Lust mangelt, sondern weil sein individuelles Kochbewußtsein mit den gesellschaftlichen Erfordernissen nicht übereinstimmt! Ssso muß man mit diesen Leuten sprechen. Ihnen einfach den Wind aus den Segeln nehmen.

Das muß man sich überhaupt merken: Bei Diskussionen, Rund- und Vierecktischgesprächen immer vorher erkundigen, mit wem man es zu tun hat. Ist es ein Intellijenzler – immer sach- und fachkundige Fragen stellen. Ist es ein Handwerker – einen Passus aus der Gewerbeordnung zitieren. Ist es eine einfache, bescheidene Mutti, die rein gefühlsmäßig etwas dagegen hat – daran erinnern, wieviel Ehen heutzutage auseinandergehen, nur weil einer von den Ehepartnern nicht kochen kann. Ist es ein Arbeiter – praktisch, immer praktisch herangehen. Zum Beispiel mit Marx: Wer wohnen, sich kleiden und essen will, muß kochen können. Oder war es Bebel? Kann auch Benno von Wogatzki gewesen sein, jedenfalls einer, der die Theorie aus der Praxis kennt und umgekehrt. Also dialektisch.

Jedenfalls waren wir abends eine Stunde vor der Versammlung zusammengekommen. Man muß sich ja absprechen. Der Schulinspektor hatte tagsüber hospitiert und sollte zu der Frage Stellung nehmen: Wie kann im Unterricht die Liebe zu den Köchen allseitig gefördert werden? Erziehungsziel: Dort, wo du später als Koch hingestellt wirst, da kochst du. Der Inspektor sagte in der Vorbesprechung, er will den Gesichtspunkt der konzentrischen Kreise in die Debatte werfen. Das soll so vor sich gehen: Wenn der Biologielehrer Probleme der menschlichen Ernährung anschneidet, muß der Chemielehrer darauf hinweisen, daß man bei der Behandlung von Eiweißen ganz nebenbei ein schmackhaftes Pilzgericht erwähnen und analysieren kann. Achtung vor dem grünen Knollenblätterpilz! Der Deutschlehrer könnte Kochrezepte als Diktatstoff benutzen oder einen Forschungsauftrag über Dr. Robert Koch vergeben. Der Geschichtslehrer müßte den Wandel der Köche im Längsschnitt der Zeiten demonstrieren und dabei besonders die historische Rolle von Persönlichkeiten herausschälen. Andekdötchen einstreuen, zum Beispiel vom K. und K.-Marschall Radetzki, der allen Truppenkommandeuren den Marsch blies, wenn sie die Menage der Soldaten mit Kleie und Wasser streckten. Das wäre zugleich ein Beitrag zur Wehrerziehung! Und es muß herauskommen: Je mehr Köche, umso reicher der Mittagstisch.

Aber dann kam doch alles anders als man denkt. Anstelle der oppositionellen Elternteile erschienen Schüler, gekämmt und gewaschen, ein bißchen laut und fläzig. Sie rissen die Diskussion mit dem Selbstbewußtsein junger Leute an sich, die wissen, sie haben nichts weiter zu verlieren als das Gängelband, mit dem wir sie so erfolgreich um alle Klippen des Lebens steuerten. Stellten sie doch so einfache Fragen wie: Warum zwingt man uns, Koch zu lernen, wenn jeder von uns andere Berufswünsche hat? Oder: Was nutzt das Abitur mit pikanten Klopsen, wenn die Wissenschaften vernachlässigt werden? Unser Lehrmittelbestand gleicht einer Alchemistenküche!

Was soll man tun, wenn einem die eigenen Schüler, die wir alle lieben, so in den Rücken fallen? Sollte ich mich mit diesem frechforschen Nachwuchs streiten? Nein. Ich ließ sie reden und strich sogar mein gutvorbereitetes Schlußwort, welches mit dem Satz endete: Unsere auf die Zukunft gerichtete Schule macht uns keiner in der Welt so schnell nach!

Der einfache Mensch sagt: »Ich sehe, was ich sehe!«
Der Wissenschaftler: »Ich sehe auch, was ich sehe, aber ich sähe noch mehr, wenn ich sagen könnte, was ich nicht sehe.«

Wie entstehen Schimpfwörter?

Eine psycho-therapeutische Vorlesung
für sensible Lehrer

In jüngster Zeit häufen sich wieder die Fälle, daß einzelne Lehrer plötzlich den Namen eines ihrer Schüler vergessen. Sie raten und raten, und da er ihnen beim besten Willen nicht einfällt, suchen sie schnell einen anderen Namen, der nach ihrer Meinung ungefähr zutrifft. Und so kommt es, daß manche Schüler in gewissen Situationen nicht mehr Heinz oder Robert, Enrico oder Madelaine heißen, sondern Kamel oder Tüte, Schafskopf oder Esel. Manche Leute glauben, das seien Schimpfwörter. Doch nur oberflächliche Gutachter urteilen so vorschnell. In Wahrheit handelt es sich hier um ernste Störungen des Nervensystems. Vielleicht ist es recht lehrreich, wenn ich das an einigen Beispielen näher erläutere:

Eines Tages kam mit einem Schreiben seines Direktors der Lehrer Ferdinand K. in meine Sprechstunde. Der Direktor teilte mir vertraulich mit, daß Lehrer Ferdinand K. des öfteren aus unerklärlichen Gründen seine Schüler mit einem Esel, einem Würstchen, einer Flasche oder anderen Gegenständen des täglichen Gebrauchs verwechselt. Hier liegt der Fall verhältnismäßig klar auf der Hand. Meistens handelt es sich um eine Störung des Hinterhauptlappens, jenes Hirnrindenabschnitts, der im Volksmund allgemein als »Schrinne« bekannt ist. Die hier gelegenen Zellen zu beiden Seiten des »Sulcus calcarinus« bedingen gewissermaßen die optischen Leistungen.

Nun kann es sein, daß einige Faserzüge, die von den Netzhäuten der Augen bis zum Hinterhauptlappen führen, gestört sind. Somit erfaßt das Auge nicht mehr das klare Antlitz des Schülers Edelfried Kaczmarek, sondern nur verschwommene Umrisse desselben. Hat nun der Schüler Edelfried Kaczmarek abstehende lange Ohren, so liegt ganz nahe, daß Lehrer Ferdinand K. in diesem Falle nur die Ohren als besondere Wesensmerkmale erkennt. Nach diesem Erkenntnisprozeß muß er – alle unwesentlichen Merkmale abstrahierend – zu der Verallgemeinerung kommen, er habe einen Esel vor sich.

Ich muß also Lehrer Ferdinand K. raten, sich nicht nur auf seinen funktionsuntüchtigen Hinterhauptlappen zu verlassen, sondern auch die Schläfenlappen zur Kontrolle mit heranzuziehen. Wie jeder weiß, sind diese Lappen zur Vermittlung akustischer Eindrücke installiert, auch befindet sich hier das sogenannte Sprachzentrum.

Wenn nun der Lehrer meint, einen Esel vor sich zu haben, so halte er ihm eine Handvoll Heu vor. Schreit das Wesen »i-a!«, ist jeder Irrtum ausgeschlossen. Sagt es aber, ich bin doch Edelfried und kein Esel, darf der Lehrer mit hundertprozentiger Gewißheit annehmen, daß er sich ausnahmsweise einmal geirrt hat. Nach langwieriger Befragung versuchte ich ferner herauszufinden, wieso der Lehrer Ferdinand K. die Schülerin Filomena Knete nur als Würstchen sah. Mit Hilfe der Schläfenlappen allein war also dem Rätsel hier nicht beizukommen. Das »Würstchen« knackte zum Beispiel nicht, was Würstchen allgemein zu tun pflegen, wenn sie angebissen werden. Lehrer Ferdinand K. gab zu, daß er die Knackprobe unterließ – ein ernstes Versäumnis.

Andernfalls hätte er wenigstens mittels der in den Stirnlappen eingelassenen Riechkolben und Riechbahnen, die insgesamt, wie jedes Kind weiß, mit den Riechfäden das Riechzentrum bilden, eine Riechprobe nehmen müssen. Selbst ein schlechtausgebildetes Riechzentrum ist noch in der Lage, festzustellen, ob es ein Würstchen oder ein Mädchen, einen Harzer Käse oder ein französisches Parfüm riecht. Doch Lehrer Ferdinand K. versäumte auch die Riechprobe, von der Geschmacksprobe mittels des Speichel-, Schluck- und Brechzentrums, insbesondere des Zungenschlucknervs, ganz zu schweigen. Infolge all dieser Nachlässigkeiten mußte Lehrer K. zwangsläufig in dem Mädchen Filomena Knete ein Würstchen sehen.

In ganz anderem Zusammenhang ist dagegen die Sinnestäuschung »Flasche« zu betrachten. Auf meine Frage, wieso Lehrer K. den Schüler Balthasar Aul plötzlich als Flasche sah, erhielt ich zunächst die etwas konfuse Antwort, Balthasar Aul sei eben eine Flasche. Ich mußte also anders an die Lösung dieses Phänomens herangehen, handelte es sich doch hier vermutlich um ein ausgeprägtes Flaschensyndrom seitens des Lehrers, das letztens seine Ursache nicht nur in den Hinterhauptlappen haben konnte. So stellte ich dem Lehrer K. Ferdinand einige Fragen aus dem Systemkatalog FL III/52:

Leiden Sie sehr an Durst? Läuft Ihnen das Wasser im Munde zusammen, wenn sie eine Zitrone sehen? Tropft Ihnen der Stiftzahn beim Anblick trinkender Männer? Waren Sie schon in der Wüste? Wie oft? Welche Assoziationen haben Sie, wenn Sie »gluckgluck« hören? Waren Sie oder Ihre Vorfahren im Braugewerbe tätig? Besuchten Sie oft Hans-Albers-Filme? Wie lange hat Ihre Mutter Sie gestillt? Addieren Sie bitte: 0,4 Promille plus 0,7 Promille plus 0,8 Promille ergibt wieviel? Träumen Sie nachts von Weintrauben oder Bohrmaschinen? Sind Sie Bettnässer? u. s. w., u. s. f.

Die Analyse ergab, daß der Lehrer Ferdinand K. von 200 Fragen 167 positiv, d. h. durst-, schluck- und flaschenbezogen beantwortete, was hinreichend auswies, wie groß die Sympathien des Lehrers für Flaschenprodukte sind. Deshalb auch der Reiz des Sympathikus beim Anblick des Schülers Balthasar Aul.

Wie dem auch sei, dieser Flaschenkomplex ist ebenso heilbar wie der Hinterhauptlappenschaden. Es gibt dafür eine wirksame Therapie. Betitelt zum Beispiel der Lehrer den Schüler als Flasche, so braucht dieser nur darauf zu antworten: »klirr« oder »prost«. In den meisten Fällen wird dem Lehrer jetzt schlagartig bewußt, daß die Flasche ja eine amorphe Schmelzmasse aus Quarzsand, Soda, Pottasche und Kalk und normalerweise nicht mit einem motorischen Sprachzentrum ausgerüstet ist, folglich auch gar nicht sprechen kann. Der Lehrer erkennt seinen Irrtum und korrigiert sich: »Ich wollte natürlich Balthasar Aul sagen, entschuldige bitte.«

Diese wenigen Beispiele mögen erhellen, daß Lehrer oder Eltern, Taxichauffeure oder Bauarbeiter, Abgeordnete oder Unteroffiziere nie bewußt Zielpersonen beschimpfen, sondern irrtümlich infolge gestörter Nervenstränge und -zellen zu extremen Aussagen kommen. Empfehlen Sie bitte mich und mein Institut weiter.

Über das deutsche Sprachgeschehen

Bitte, verzeihen Sie mir, wenn ich nicht so gut spreche wie Sie. Ich bin nämlich ein Ausländer und lehre in meiner Heimat deutsche Sprache. Jetzt kam ich in Ihr Land, um meine Sprachkenntnisse zu vervollständigen. Ist das so richtig gesprochen, ja? Danke! Es heißt, wenn man eine Sprache gut lernen will, so muß man in ihr Mutterland fahren. Und ich bereue es auch nicht. Denn schon am Tage meiner Ankunft hörte ich manch seltsames Wort, das ich nicht verstand. Sie wollen mir helfen? Danke!

Es fing schon auf dem Bahnhof an. Sagen Sie bitte, was heißt im Deutschen – einen Augenblick, ich habe mir das Wort aufgeschrieben – »Beilenittee!«? Ich bestieg gerade die Stadtbahn, die man hierorts S-Bahn nennt. Ein sehr erhitzter Herr stieß mich nach diesem Ruf aus dem Lautsprecher unsanft durch die Wagentür und sagte – moment, gleich hab ich das Wort – er sagte »Oller Penner!«

Nun wollte ich nicht gleich allzu aufdringlich sein und ihn nach dem Sinn des Wortes fragen. Sie verstehen. Andererseits schien es mir unhöflich, gar nichts zu sagen. Denn es konnte ja ein Gruß sein, oder der Herr hat sich mir vorgestellt, ich weiß es nicht. So antwortete ich »Danke« und setzte vorsorglich hinzu: »Sehr erfreut, mein Name ist Oleg Popow.« Mir war, als hätte sich der Herr darüber geärgert. Er sprach schnell und unverständlich, und seine Hände fächelten mir angenehm Luft zu. Es war auch wirklich sehr heiß.

In meinem Hotel angekommen, hatte ich zunächst die üblichen Formalitäten zu erledigen. Sie wissen schon: Paß vorzeigen, die polizeiliche Anmeldung ausfüllen. Hier im Hotel, es war nicht das teuerste, weil man mit Valuta sparen muß, fiel mir auf, daß sich die Deutschen bemühen, mit Ausländern sehr betont zu sprechen. Als der Herr an der Reception meinen Paß anschaute, übergab er mir den Zimmerschlüssel mit folgenden Worten: »Zimmer dreihundertvierzig, dritter Stock, also dri Etasch, dort Lift.

Sssst – nach oben. Essen, haphap, ssst nach unten, verstann?«

Man muß sich, wie gesagt, erst daran gewöhnen. Bei dem »Sssst« handelte es sich wahrscheinlich um ein Höflichkeitsfüllsel in der Umgangssprache. Darauf wird man ja leider in unseren Instituten zu wenig vorbereitet. So antwortete ich, um mich anzupassen: »Danke, mein Herr, ssst!« Er schaute mir unglücklich nach, als ob ich ihn gekränkt hätte. Bei meinem weiteren Aufenthalt ist mir übrigens aufgefallen, daß derartige Wortfüllsel oder umgangssprachliche Anreden und Eigenarten häufig angewandt werden, besonders von jungen Menschen. Ich komme noch einmal darauf zurück.

Der Abend brach an, und da ich etwas beinmüde war, beschloß ich, im Hotel zu bleiben und mir das Fernsehprogramm anzusehen. Gestatten Sie mir, Ihnen freimütig zu gestehen, daß mich Ihre sehr hübschen Sprecherinnen sofort anzogen. Ist das richtig, anzogen? Danke! Doch bei den Sprechern stieß ich bald wieder auf erhebliche Schwierigkeiten. Sie haben im Deutschen so viele lange Wörter und Titel, die sehr schwer auszusprechen sind, zum Beispiel »Verantwortlicher der SERO-Recycling GmbH für die Erfassung von Sekundärrohstoffen«. Sie müssen schon verzeihen, wenn ich das nicht so schnell behalte, meine Kenntnisse sind noch etwas altmodisch. Aber was wollte ich erzählen? Ach so.

Mir fiel zum Beispiel auf, daß die Frau Verantwortliche der Fernsehwetterberichterstattung – ist das gut so? – nicht vom Wetter oder Wetterverlauf sprach, sondern vom Wettergeschehen. Ich hörte später recht oft solche Wortverbindungen, bei denen »Geschehen« als Stammwort fungierte. Oh, entschuldigen Sie bitte, aber mir fehlt an Stelle von »fungieren«

ein passendes deutsches Wort. Mir ist eben das deutsche Sprachgeschehen noch nicht vertraut genug. Doch möchte ich mir Mühe geben, Ihre neuen Wortschöpfungen gut zu lernen.

Wie gesagt, das Fernsehgeschehen am Abend war sehr unterhaltend, lehrreich und spaßig. (Phonetisch wird Spaß übrigens auch unterschiedlich ausgesprochen. In den östlichen Gefielden Ihres Landes sagt man Spaaß, langes A und scharfes S, in den westlichen Spassss, kurzes A und noch schärferes S. Was nun ist richtig?) Weiter zum Fernsehgeschehen: Im Verlaufe des Bühnengeschehens unterhielten sich zwei Herren, von denen der eine zum anderen mehrmals »pleeder Heini« sagte, worauf Ihre lieben Landsleute in schallendes Lachgeschehen ausbrachen. Der andere Herr indes pflegte zu jedem Beifallsgeschehen seitens der Zuschauer im Saal jedesmals »Wahnsinn!« zu rufen. Nun weiß ich aus meinen bescheidenen Studien, daß Wahnsinn ein Krankheitszustand ist. Wollte der Spasssmacher damit vielleicht den Zustand des Publikums bezeichnen oder sein eigenes Befinden? Rätselhaft. Dennoch merkte ich mir diese beiden oft wiederholten Ausdrücke, die so herzlich belacht wurden. Ich liebe fröhliche Leute um mich herum und bemühe mich ansonsten auch, meine Mitmenschen lachen zu machen.

Aber man kann dabei – wie heißt es bei Ihnen? – auch Pech haben. Als ich anderntags einem Herrn in der Straßenbahn den Vortritt lassen wollte und er mir auch, da sagte ich, um die Situation mit einem Scherzwort zu retten: »Bitte, nach Ihnen, pleeder Heini.« Aber der Herr und die anderen Leute lachten nicht. Noch heute weiß ich mir das Straßenbahngeschehen nicht zu erklären, ssst!

Ähnlich erging es mir mit dem Ausspruch »Wahnsinn!« Bei jedem Kauf- und Speisegeschehen sagte ich fortan mehrmals, um nicht allzusehr als Ausländer mit meiner nicht immer richtigen Betonung aufzufallen, »Wahnsinn!«. Als mir der Herr Ober das Spiegelei brachte: »Danke, Wahnsinn!«. Als er mich fragte, ob es mir geschmeckt hat: »Wahnsinn!«. Als er kassierte: »Wahnsinn!«. Und nie zeigte er auch nur den Hauch eines Lächelns auf seinem blassen Antlitz. Erst als ich hörte, wie der Herr Ober zu seinem Obristen sagte: »Morgen bedien ich den Wahnsinngen nicht mehr«, da ahnte ich, daß das Wort Wahnsinn wahrscheinlich zweierlei Bedeutung hat. Nun, man lernt eben nicht aus, ssst.

Doch tags darauf erlebte ich etwas sehr Schönes, das mich für das Geschehen im Frühstückszimmer reichlich entschädigte. Ein Freund, mit dem ich seit langem im Briefwechsel stehe – oder muß es heißen sitze, weil ich nur im Sitzen schreibe? –, lud mich ein, an seinem Unterrichtsgeschehen teilzunehmen. Er behandelte gerade Goethe, meinen Lieblingsdichter. Man sagt aber wohl hierzulande »hospitieren«, wenn jemand eine Unterrichtsstunde besucht. Kommt das Wort von Hospital? Warum bitte? Gibt es vielleicht einen Zusammenhang zwischen Deutschunterricht und Krankheitsgeschehen? Sie müssen mir bitte, bitte alles erklären, ich möchte lernen, ja?

O, ich schweife ab. Mein Freund verhospitierte mich also in seine Deutschstunde, wo er über das Gleichnis sprach, das Goethe in seinem »Heidenröslein« so wunderbar verdichtete. Doch wurde mir auch hier wieder so recht bewußt, wie armselig meine Sprachkenntnisse sind. Ich habe mir einige Sätze notiert. Was heißt: »Röslein ist ein Synonym für dufte Biene« oder diesen eleganten Satz: »Bei der Durchdringung der Dichtung Goethes, insbesondere in seinem Heidenröslein, müssen wir von dem Standpunkt ausgehen, daß es ein Anliegen des Dichters ist, optimale Gesetzmäßigkeiten im Natur- und Gesellschaftsgeschehen objektiv und schöpferisch widerzuspiegeln, wobei man sagen muß, daß das Gedichtgeschehen selbst nicht mehr den heutigen ökologischen Bedingungen entspricht. Wo gibt es noch Heidenröslein?«

Es muß ein sehr tiefgründiger Gedanke gewesen sein; denn der Schüler bekam dafür sofort eine Eins.

Es gäbe noch über sehr viele Eigenarten im sprachlichen Umgang zu berichten. Während zum Beispiel in Versammlungen und Arbeitsgesprächen die Deutschen sehr lange Satzgebilde bevorzugen, sodaß man mitunter nicht mehr weiß, was am Anfang gesagt wurde, bedient man sich im geschäftlichen Verkehr der kürzesten Form, meistens nur eines einzigen Wortes. Das wurde mir bewußt in der Menschenschlange an einem Fahrkartenschalter der S-Bahn. Die Leute sagten kurz und knapp: Zweimal zwanzig oder einmal dreißig, das heißt, sie nannten nur Zahlen und gingen mit ihren jeweiligen Fahrkarten rasch von dannen. Kein höflicher Wortwechsel, selten hörte man »bitte« und noch seltener »danke«. Die Verkäuferin hinter dem Schalter verrichtete ihr Werk mechanisch, sie hatte keine Zeit, auch nur einmal aufzuschauen und dem Kunden zuzulächeln. Ich wollte ihr wenigstens die Freude machen, als ich dran war, und sprach mit wohlabgewogenen Worten:

»Guten Tag, gnädige Frau. Ich möchte Sie bitten, mir eine Fahrkarte zu verkaufen, mit der ich von hier bis nach Hohenschönhausen fahren kann. Und wenn es Ihnen keine zu großen Umstände macht, gleich eine Karte für die Rückfahrt dazu.« Die Verkäuferin warf mir ohne Umstände zwei Karten hin und den Rest des Geldes. Aber hinter mir hörte ich, bevor ich mein Kaufgeschehen abgeschlossen hatte, ein böses Murren. »Wohl ’n Ausländer da vorn, wa!« rief ein Jüngling mit flammenden Haarschopf. Ich konnte nicht widerstehen, ihn auf dem Bahnsteig zu fragen: »Sagen Sie mir bitte, woran Sie in mir den Ausländer erkannt haben?« Seiner trotzig offenen Antwort entnahm ich, daß ich ein alter Kacker sei, und die Anrede »gnädige Frau« ist Scheiß und – auf diese Antwort kam es mir besonders an – nur Ausländer sagen »bitte«. Ich habe mir diese Erklärung gleich notiert.

Überhaupt, um auf meine frühere Andeutung zurückzukommen, die jungen Leute haben eine sehr farbige Sprache, gespickt mit Wörtern, die ich in meinem alten Duden nicht finde, angefangen von affentittenturbogeil bis Zoff machen. Ich werde studieren. Ausdruck höchst positiver Wertung ist das schlichte deutsche Wort »super«.

Heute abend rief ich im Hotel meine Frau an. Sie macht sich Sorgen, wenn ich im Ausland bin. Wir redeten erst über dies und das in unserer Mutter- und Vatersprache, dann bat ich sie, mit mir deutsch zu sprechen; denn sie ist ja Deutschlehrerin.

Sie fragte: »Nu, wie geht es dir?«

Ich antwortete: »Gut, super.«

»Und wie schmeckt Essen?«

»Sehr gut, supergeil.«

»Und was macht deine Gastritis?«

»Super, super, einfach Spitze, mußt dir keine Sorgen machen.«

Zur Geschichte der Weihnachtsliteratur

Weihnachten wird, nach Meyers Neuem Lexikon (Band 8, von Tembe bis ZZ), »erst seit dem 4. Jahrhundert gefeiert« und war seit jeher »in vielfältiger Weise Gegenstand der bildenden Kunst, der Dichtung und Musik«.

Tatsächlich schrieben von 1783 erfaßten, meist verstorbenen, teils noch lebenden deutschen Schriftstellern mindestens 231 ein Weihnachtsgedicht, ein Weihnachtslied, einen Weihnachtstanz oder eine Weihnachtspastorale. Schon diese wenigen ungenauen Angaben bestätigen, welch hervorragenden Platz die Weihnachtsdichtung in der deutschen Literatur einnimmt. Sie rangiert grob gerechnet an vierter Stelle, nämlich hinter der unschlagbaren Trivialliteratur, hinter Saufliedern und den erhabenen Heimatgesängen aus dem Thüringer Wald.

Geben diese Zahlen auch reichlich Aufschluß über das deutsche Gemütsleben, so sagen sie leider noch nichts über Gedankentiefe, Hinter- und Vordergründigkeit und historische Entwicklungsphasen deutscher Weihnachtslyrik aus. Deshalb kann man den verdienten Weihnachtsforschern Stoltze-Brüll und Brossenius nicht dankbar genug sein, daß sie Überkommenes, oft absichtlich Vernachlässigtes und zu Unrecht Vergessenes wieder ans deutsche Weihnachtslicht rückten.

So entdeckten die beiden Forscher unter Liebesbriefen und Steuererklärungen Walthers von der Vogelweide (nicht zu verwechseln mit dem noch lebenden Mathematikprofessor und Pamphletverfasser Walther von der Ilmenau) eine bemerkenswerte Strophe, die ursprünglich in seinem berühmten Hit »Unz hat der winter geschat über al« enthalten war, später aber, wahrscheinlich am Hofe Philipps von Schwaben, von der Zensur gestrichen wurde.

Walther von der Vogelweide, dessen Minnelieder einen deutlichen Trend zur allseitigen Ergründung der Frau aufzeigen, brachte justament mit dieser einzigen, fast vergessenen Strophe den Nachweis, wie eifrig der launige Vogelfänger schon im 12. Jahrhundert den Gedanken zur Einführung der *Weihnachtsfrau* verfocht. Wir lesen dort:

> Hinaht muoz komen ein wihennahts wip
> uz deme walde zer winters zit...

Wenig bekannt ist wahrscheinlich auch die Tatsache, daß sogar Weihnachtsliedchen zuweilen weit vorausblickende Visionen enthielten, die, wären sie damals offen ausgesprochen worden, auf dem Scheiterhaufen der Inquisition geendet hätten. Denken wir nur an den Schöpfer der »Marseillaise« des 16. Jahrhunderts, Martin Luther. Der wortgewaltige Gottesfechter, des scholastischen Streits müde, welchen Geschlechts die lieben Engelein im Himmel sein könnten, hatte eine weit realistischere Auffassung von der Beschaffenheit der Erde und des Himmels. Luther ahnte den Flug der Kosmonauten voraus. Da er jedoch wegen seiner Streitlust und Rechthaberei, seiner Vorliebe für reichliches Essen und einen guten Schoppen und wegen seiner anstößigen weltlichen Witze als schnöder Materialist verschrien war, zog es Luther vor, seine Vision vom Kosmonautenflug in einem bescheidenen, schlichten Kinderweihnachtsliedchen zu umschreiben. Denn siehe, heißt es doch darin:

»Vom Himmel hoch, da komm ich her,
Ich bring euch gute, neue Mär.
Der guten Mär bring ich soviel,
Davon ich singen und sagen will.«

Übrigens kritisierte Luther damals schon die schlechte Windelproduktion, wie aus dem Weihnachtsliedchen eindeutig hervorgeht (ebd., Vers 5).

Stoltze-Brüll und Brossenius schreckten bei ihren Untersuchungen vor modernen Testmethoden nicht zurück, wenn es zu ergründen galt, welches Weihnachtslied heute noch unterm Fichten- bzw. Kiefernbaum gesungen wird. So verteilten die Weihnachtsforscher beispielsweise Testkarten an mehrere Schulklassen, auf denen nichts weiter als die Anfangszeile eines alten Weihnachtsliedes zu lesen war: »Es ist ein Ros entsprungen…« Jeder Schüler sollte nun ganz für sich allein den Text des Liedes ergänzen.

Das Ergebnis war allerdings wenig erfreulich. Von 36 Schülern einer 8. Klasse waren nur zwei fähig, den Text des alten Weihnachtsliedes zu vollenden. Die übrigen 34 Schüler zeigten eine erstaunliche Unkenntnis in der Orthographie. Sie verschlimmbesserten das Ros zum »Roß«, demzufolge entsprungene Rösser in der Prärie oder in der Abdeckerei landen mußten.

Stoltze-Brüll und Brossenius befaßten sich ferner mit sinfonischen Dichtungen und Tänzen, die im Weihnachtswunderland angesiedelt sind. Auch hier stießen sie zuweilen auf eine erstaunliche Entfremdung. Als wenig wirklichkeitsnah empfanden sie beispielsweise Tschaikowkis Nußknackersuite. Dem Tondichter muß man das verzeihen, weil er ja kein Deutscher war und als solcher möglicherweise die deutschen Nußknacker aus den Seiffener Werkstätten gar nicht kannte.

Die Entdeckungen Stoltze-Brülls und Brossenius' sind erst ein Anfang. Denn völlig ungeklärt in der Gegenwartsliteratur ist beispielsweise noch die Gestalt des Weihnachtsmannes. Bisher wurde er in sämtlichen Gedichten und Erzählungen als ein Individuum geschildert, das nur Äpfel, Nüß und Mandelkern, Korinthen und Zuckerwerk verschenkt, meistens als gütiger und zuweilen auch als zorniger Mann auftritt und stets mit Sack und Rute versehen durch deutsche Winterwälder stapft.

Stoltze-Brüll und Brossenius vermerken mit Recht in ihrer Anthologie, daß die Weihnachtslyrik in diesem konkreten Punkt nicht auf der Höhe der Zeit ist. Hier wird allein schon die Tatsache übersehen, daß der moderne Weihnachtsmann nicht mehr primitiv stapft wie ein Bär, sondern mit dem Auto zur Bescherung fährt.

Das soll keine Kritik an den tapferen Weihnachtsforschern sein. Immerhin forschten sie zu einer Zeit, da die Erschließung des kulturellen Weihnachtserbes ohnedies außerordentlich erschwert wurde. In den 50er und 60er Jahren dieses Jahrhunderts, zur Zeit der Pankower-Walther-Dynastie, war es Dichtern, Verlagen und Medien untersagt, den Begriff »Weihnachten« mündlich, schriftlich oder singend zu erwähnen. In den einschlägigen Medien, einschließlich der christlichen, umschrieb man das schönste aller deutschen Feste nur mit »Fest- und Feiertagen«. Dennoch kaufte die Mehrheit der Bevölkerung nach wie vor ihre Weihnachtsbäume, und die Dichter, wie Marion Schmirgel, schrieben listig ihre Weihnachtsgedichte, leicht verfremdet:

Horch, was pocht da an der Tür?
Ist es der Gerichtsvollzieh'r?
Oder ein Kurier vom Kreis?
Nein, es ist der brave Greis
mit dem Sacke auf dem Ast,
der da nach der Klinke faßt.
Komm herein, Väterchen Frost,
und zeig, was du im Sacke host.
Stecke deine Rute ein,
Kaderakte, die ist rein.

WERBUNG

Wenn über den Fluß das Halali der Jagdhörner und der Rauch von Biwakfeuern herüberweht, wenn in fernen Dörfern steile Rauchfahnen in den frostklaren Himmel steigen und in kuschelwarmen Stuben die Bratäpfel knistern, wenn von tiefverschneiten Höhen silbernes Schlittengeläut kommt und unten im Tal der Bach unter spiegelndem Eis das uralte Lied vom nahenden Lenz murmelt, wenn in hohen Nächten kalt die Sterne blinken, der Krieselwind Myriaden von Schneekristallen ums Haus türmt und aus schweigenden Wäldern hungerige Wölfe heulen... dann ist es Zeit, an das Frühjahr, die aufbrechenden Leidenschaften, die heißen Nächte zu denken. Treffen Sie Vorsorge!

Decken Sie sich mit

K o n d o m e n

ein!

Das Mysterium »Klatsch«

Klatsch ist laut Duden gleichbedeutend mit Rederei und Geschwätz. Eine Klatsche wird allgemein als Gerüchtemacherin und -verbreiterin bezeichnet. Das ist alles, was herkömmliche Nachschlagewerke über »Klatsch« aussagen können – ein dünnes Ergebnis.

Erst neueren Forschungen zufolge kam man einigen Triebkräften und Gesetzmäßigkeiten auf die Spur, deren Erkenntniswert mit der Entdeckung des Schnupfenerregers (Pneumotrope Viren) gleichzusetzen ist. Beide, Klatsch und Schnupfen, haben Gemeinsames. Sie sind heimtückisch, niemand ist vor ihnen sicher, sie können epidemischen Charakter annehmen und zeitweilig Produktivkräfte zum Erliegen bringen – eine Volkskrankheit im übelsten Sinne also.

Die Grundlagenforschung der Klatschologie unterscheidet in der Regel zwei Hauptarten des Klatsches,

a) den sogenannten Vulgärklatsch,
b) den gehobenen Klatsch.

Am volkstümlichsten und zugleich am meisten verbreitet ist der Vulgärklatsch. Dem Inhalt wie der Form nach ist er ziemlich primitiv und beginnt gewöhnlich mit der stereotypen Frage: »Haben Sie schön gehört...?« Der Klatschton schwankt zwischen leise und halblaut, nur in geschlossenen Gesellschaften (Damenkränzchen, Bierklubs usw.) erreicht er zuweilen eine Stärke bis zu 110 Phon.

Dem Inhalt nach befaßt sich der Vulgärklatsch mit Intimitäten der Beklatschten beiderlei Geschlechts, der Häufigkeit nach vor allem mit Nachbarn, Verwandten, Arbeitskolleginnen, Eheleuten und deren Hausfreunde. Nach einer klatschologischen Untersuchung zählen zu den beliebtesten Klatschgegenständen: Hochzeiten, Scheidungen, Kinder, die sich noch im embryonalen Zustand befinden oder danach Frühgeburten, Kaiserschnitte, Zangengeburten. Häufig werden in den Klatsch einbezogen: Rosensträuße und deren Empfänger, neueste Mode und deren Träger, neue Autos und deren Besitzer, Hunde und deren Halter, selbst Frisuren, Zahnprothesen, Make up und Körperteile aller Art. Nichts ist den Klatschen heilig.

Die Verbreitung des Klatsches vollzieht sich am häufigsten nach der Formel:

$$\text{Maul}^1 \longrightarrow \text{Ohr}^2, \text{Maul}^2 \longrightarrow \text{Ohr}^3, \text{Maul}^3 \longrightarrow \text{Ohr}^4 \text{ usw.}$$

Da Vulgärklatsch in der Regel vor niemandem Halt macht, auch nicht vor den Klatschmäulern selbst, haben wir es nicht nur mit einem linearen Klatschfördersystem zu tun, sondern auch mit einem Rückkoppelungssystem, etwa nach folgender Formel:

$$\text{Maul}^1 \longrightarrow \text{Ohr}^2, \text{Maul}^2 \longrightarrow \text{Ohr}^3, \text{Maul}^3 \longrightarrow \text{Ohr}^1$$

das heißt, die Klatschen beklatschen sich auch gegenseitig.

Die Breitenwirkung des Vulgärklatsches ist unterschiedlich, je nach Siedlungsdichte und Infrastruktur. In Großstädten ist die Ausbreitung in der Regel auf ein bis drei Häuser, einschließlich Hinterhöfe, beschränkt, in Kleinstädten umfaßt sie einige Straßenzüge oder Stützpunkte. Organisierte Geselligkeiten und Partys sind Brutstätten des Klatsches. In Dörfern stimmt die Klatschdichte mit der katasteramtlichen Ortsgemarkung überein.

Interessante Unterschiede zeigen soziale Erfassungen. Auf 100 Klatschmäuler (KM) zählt man im

Durchschnitt 71,7 Prozent weiblichen Geschlechts, 28,29 Prozent männlichen Geschlechts, den Rest bilden Geschlechtslose. Altersmäßig überwiegen die Klatschen zwischen 25 und 75 Jahren, darüber gibt es sie seltener, weil mit zunehmendem Alter das Gehör nachläßt.

Vom sozialen Stand aus gesehen überwiegen mit großer Mehrheit Klatschen, die viel Zeit haben, wahrheitshalber muß aber hinzugefügt werden, daß sie die Verbreitung von Klatschgeschichten ehrenamtlich betreiben.

Die bekanntesten und wohl auch wirksamsten Methoden der Klatschabwehr sind:

a) indem die Beklatschten einfach nicht darauf reagieren;
b) indem die Beklatschten juristische Schritte einleiten, was aber in der Regel zu dem Erfolg führt, daß nach dem Urteil noch mehr über die Beklatschten geklatscht wird.

Bürgermeister, Wohngemeinschaften und Ortszeitungen gehen dazu über, die rührigsten Klatschmäuler (KM) mit Foto an einer Tafel vorzustellen. Man muß allerdings abwarten, ob sich daraus nicht kriminelle Delikte ergeben (Körperverletzungen, Brandstiftungen, Fensterzertrümmerung u. dgl.)

Von der Klatschologie unerforscht ist die Frage nach der Entstehung des Klatsches. Das ist ein weites Feld. Ein Beispiel:

Klatschmaul^1 (KM) begegnet der in Gedanken versunkenen Frau Nachtigall und wird von dieser nicht gegrüßt. KM^1 sagt daraufhin im Klatschladen der Emma Brschballa (kurz Tante Emmaladen), was ihr soeben widerfahren ist: die Nachtigall hat nicht gegrüßt! Die anwesende Busenfreundin Emmas, KM^2, kommt zu dem messerscharfen Schluß: »Da stimmt doch was nicht mit der Nachtigall?« KM^{2} trifft kurz danach KM^{3}. Diese vermutet mit umwerfender Logik: »Da ist bestimmt die Ehe nicht in Ordnung.« Doch diese These bedarf noch des Beweises. Den erbringt KM^{4}: »Jetzt wird mir alles klar. Der Mann von der Nachtigall kam neulich so spät nach Hause.« KM^{13} weiß bereits, daß die Scheidung läuft, und KM^{24} muß sich gefallen lassen, daß sie der beklatschte Herr Nachtigall freundlich grüßt und zu einem Kaffeenachmittag bei den Nachtigalls einlädt. KM^{24} sagt dankend ab. Sie weiß, die letzten Klatschen beißen die Hunde.

Soweit zum Vulgärklatsch. Beim gehobenen Klatsch hingegen gibt es einige bemerkenswerte Unterschiede, als da sind:

1. Vertreter des gehobenen Klatsches sind in der Regel betuchte Leute mit gehobenem Bildungsniveau;
2. der gehobene Klatsch bedient sich deshalb des Terminus technikus »Hintergrundinformation«;
3. der Klatschkreis ist demzufolge enger, dafür ist die Lebensdauer des gehobenen Klatsches länger, nachhaltiger und kann sogar über das Grab des Beklatschten hinausgehen.
4. typische Merkmale des gehobenen Klatsches sind: weniger Vulgarismen, dafür verfeinerte Zuspitzungen, vor allem Unterschwelligkeiten (»Die K. läßt sich jetzt von Lagerfeld einkleiden.« »Was Sie nicht sagen, von dem auch?«)

Aus all dem wird ersichtlich, daß die Bekämpfung des gehobenen Klatsches anderer Mittel bedarf. Zu den konventionellen zählen:

a) die Beklatschten ohrfeigen sich nicht mehr, sondern berufen das Ehrengericht ein;
b) rächen sich, indem sie Arbeiten der Klatschen

(z.B. Aufsätze, Bücher, Bilder, Filme usw.) öffentlich miesmachen;

c) die Beklatschten vervielfältigen die hier vorliegende Untersuchung über das Mysterium Klatsch und senden sie per Einschreiben an alle KM, die über sie Klatsch verbreiten... mit freundlichen Grüßen!

Bei allen nachteiligen Wirkungen des Klatsches darf man ihm aber einen höchst vergnüglichen Unterhaltungswert nicht absprechen. Renner unter den Klatschverbreitern sind heute alle legalen Illustrierten und populäre Autoren wie zum Beispiel die Klatschologin R. van der Moritz aus Holland, deren Spürsinn speziell in Künstlerkreisen fündig wurde, so daß man daraus schließen kann: Künstler sind nicht nur die größten, sondern auch amüsantesten KM.

Der lautlose Schreckschuß

Makarenko war groß, und seine Schüler bauten ihm ein Denkmal. Verdient! Aber Lehrer Luschmil ist größer, und kein Monument der Welt könnte seine Verdienste würdigen. Denn Luschmil ist der Erfinder der pädagogischen Schreckschußtheorie. Was heißt das?

Mit dem Waffenhandwerk Vertraute wissen, daß Schreckschüsse die Absicht verfolgen, zu erschrekken und nicht zu verletzen oder gar zu töten. Die Beobachtung, daß sich erschrockene Kinder zunächst in einem mehr oder weniger langen Hemmungszustand befinden, danach aber ungewöhnlich rege werden, brachte Luschmil auf den Gedanken, den Effekt der Reizstärke auch im Bereich des Geistigen zu erproben, mit dem Ziel, eine höhere Lernintensität zu erzeugen. Natürlich verwendete Luschmil keine Schreckpistole, deren hohe Reizintensität vom Kollegen Kurzfuß im Klassenzimmer nebenan möglicherweise als störend empfunden worden wäre. Luschmil brauchte also eine Reizquelle von geringerer akustischer Durchschlagskraft, aber nicht minderer Wirkung als die eines großkalibrigen Eisenbahngeschützes. Nach längeren Versuchen hatte Lehrer Luschmil den lautlosen Schreckschuß erfunden, dessen Wirkung alle bisherigen Schreckmethoden wie Anschreien, Brüllen, Fluchen, Schimpfen bei weitem übertrifft.

Wie allen großen Entdeckern kam dem Lehrer Luschmil auch hier der Zufall zu Hilfe. Aus Versehen oder Zerstreutheit, jedenfalls unbewußt, hatte er dem Klassenbesten statt der wohlverdienten Eins eine Zwei ins Klassenbuch eingetragen. Der brave Junge entdeckte diese Schandnote und nahm sich von Stund an vor, diese diskriminierende Zwei auszumerzen, koste es, was es wolle. Er lernte wie ein Besessener, meldete sich bei jeder Gelegenheit, las eine Unmenge Zusatzliteratur, bis ihn Lehrer Luschmil fragte, warum zum Teufel er sich so anstrenge, er stehe ohnedies bisher auf einer glatten Eins. »Eben nicht«, sagte der Primus, »Sie gaben mir neulich eine Zwei, diese Scharte muß ich auswetzen.« Luschmil blieb vor Freude beinah das Herz stehen. Der lautlose Schreckschuß war entdeckt.

Wie alle gewissenhaften Forscher ging Luschmil zunächst einmal zur Erprobung an anderen Subjekten über. Hier zeigte sich aber, daß der lautlose Schreckschuß nicht bei jedem die gleiche Wirkung hatte. Der ebenso hartgesottene wie faule Schüler Siegfried Scholle, genannt Schweine-Sigi, wunderte sich zwar im stillen, daß er Dank seiner Schielfähigkeit eine Drei im Diktat hätte bekommen müssen. Luschmil, der dem Schüler das unlautere Tun nicht nachweisen konnte, gab ihm vorsichtshalber, eben als Schreckschuß, dennoch eine Vier. Schweine-Sigi aber reagierte – im Gegensatz zum Klassenprimus – mit stoischer Ruhe, auch bei den folgenden Vieren und Fünfen. Luschmil wollte seine Entdeckung schon als Irrtum abtun.

Da kam ihm abermals der Zufall zu Hilfe. Nach der sechsten Vier und zweiten Fünf im Arbeits- und Kontrollheft des Schülers Siegfried Scholle erschien selbiger mit einer geschwollenen Backe und auffälligen Hüftbeschwerden. Aus unerforschlichen Gründen entdeckte nämlich Vater Scholle, der die Erziehung seines Sprößlings der barmherzigen Mutter überließ, den Zopf von Vieren nebst Fünfen im Arbeitsheft seines Sohnes. Er zog schallende Schlüsse daraus. Luschmil vermerkte in seinem Diarium: »Die Reizintensität des lautlosen Schreckschusses löst demnach bei Kindern mit starkem, ausgeglichenem Nervenkostüm keine funktionelle Spannung aus, bemerkenswerterweise aber beim Vater. Damit entdeckte ich das Gesetz der Übertragungsregulation, das meine Schreckschußtheorie in vortrefflicher Weise untermauert.«

Luschmil freute sich unbändig. Denn messerscharf folgerte er: Eine absolute Leistungssteigerung ist also möglich, wenn der lautlose Schreck auch die Eltern ergreift. Nun stand der Massenanwendung nichts mehr im Wege. Lehrer Luschmil gab seit dieser Zeit allen Schülern im ersten Halbjahr auf dem Zeugnis eine schlechtere Zensur als sie verdienten. Dank dem Gesetz der Übertragungsregulation – Eltern müssen das Zeugnis unterschreiben – werden mit

Hilfe der Erziehungsberechtigten auch so hartgesottene Schüler wie Siegfried Scholle, genannt Schweine-Sigi, mobil, um die Zensur im Schuljahresendzeugnis wenigstens um eine Stufe zu verbessern.

Indessen stellten neidische Kollegen, die Luschmils Schreckschußmethode verfolgten, fest, daß nach längerem Beschuß mit Schreckschußzensuren Schüler wie Eltern immun werden. Im Bündnis mit mißgünstigen Wissenschaftlern gaben die lieben Kollegen der Schreckschußtheorie den Todesstoß. Lehrer Luschmil verzweifelte an der Unbarmherzigkeit seiner Widersacher.

Aber wie alle Theorien der Welt sind sie, einmal entdeckt, so leicht nicht totzukriegen. Es werden immer noch da und dort Schreckschußnoten erteilt.

Zum Satiriker wird man nicht erzogen, sondern gezwungen

Schreib doch eine Ostergeschichte

Drei Tage vor dem lieben Osterfest versammelten sich die Kulturredakteure eines angesehenen Blattes und furchten sorgenvoll die Stirn.

»Verehrte Mitstreiter«, sprach der Dienstälteste, »seid gefaßt! Wieder einmal, wie so oft, ließen uns die treuesten Autoren im Stich, und nun stehen wir da und wissen nicht, was wir unseren geschätzten Lesern auf den Ostertisch legen sollen. Denkt nach und helft; denn eine Osternummer ohne Osterseite ist wie ein Osterei ohne Dotter.«

Die Kollegen begannen zu denken. Auf den Stirnen heiß gesellten sich zu den Horizontalfurchen kräftige Vertikale, drohend die Geburt einer Idee ankündigend. Da war sie endlich, die Idee.

»Wißt ihr was«, trompetete die Lautschönste unter den Damen, »ich hab's. Unter uns ist ja einer, der heimlich Geschichten schreibt. Er könnte uns doch ganz schnell mal eine Ostergeschichte liefern.«

Von schwerem Druck befreit, wanderten die Blicke aller zu einem unauffälligen Männchen mit traurigen Augen und melancholischen Hängeschultern. Wie ein Häufchen Unglück saß der noch junge Kollege in seinem Sessel, und statt einer sinnvollen Antwort stotterte er zerstreut: »Jaja, ich möchte auch einen Kaffee.«

An solcherlei Antworten gewöhnt, ließ man ihm zunächst Zeit, sich in die neue Situation hineinzufinden. Und weil er so schön zuhörte und jetzt weder Kaffee noch Bedenkzeit sich ausbat, mußten alle annehmen, er sei mit dem Vorschlag einverstanden. An guten Anregungen sollte es nicht fehlen.

»Sieh mal«, sprach eine Dame mit raffinierter Lederkette, die so tat, als ob sie ihr Leben lang nur Ostergeschichten geschrieben hätte, »das ist ja gar nicht so schwer. Denk doch an Osterwasser, vielleicht fällt dir da was ein!« Ein dürrer Mann, bei dem man befürchten mußte, daß der Wind ihm durch die Wangen pustet, blitzte erinnerungsfroh mit den Zähnen: »Oder denk ans Osterpeitschen, mit der Rute nach den jungen Mädchen, weißt du . . . hähähä.« Ein glattgescheitelter Hagestolz fand, daß Ostereier zu den tollsten Geschichten anregen müßten. »Du kennst doch Ostereier, na Mensch!« Ein Weitgereister verwies in dem Zusammenhang auf die Osterinseln. »Mußt ja nicht gleich so weit gehen, es gibt ja auch Osterorte bei uns. Osterburg zum Beispiel.«

An originellen Einfällen mangelte es also nicht, worauf wartet der Mensch nur noch?

Dem Gewichtigsten der Runde, den es nach einem Kinobesuch drängte, wurde die Zeit zu lang, weshalb er kurzerhand die Diskussion zusammenfaßte: »Also bis morgen hast du was geschrieben. Du hast jetzt – es ist 15.30 Uhr – 33 Hinweise bekommen, die du alle verarbeiten kannst. Vergiß nicht die Polemik mit Politikern in dein Sujet einzubauen, vergiß auch nicht das kulturelle Erbe, und wenn möglich, mach doch einen vorfristigen Osterspaziergang wie in Goethes ›Faust‹, nur aus unserer Zeit handelnd und besser natürlich. Die Sitzung ist geschlossen.«

Jemand kleckerte nach: »Hauptsache, es kommt recht viel Ostern drin vor, damit die Leute merken, daß Ostern ist.«

Das Männchen mit den traurigen Augen und melancholischen Schultern schlich wie ein Erbschleicher durch die Regale der Hausbibliothek, um in den Folianten alter Meister Österliches zu entdecken. Seine innere Stimme warnte zwar: Laß dich nicht in Versuchung führen; denn so ein Osterspaziergang hat's in sich. Aber mit österlichen Gedanken im Kopf und mit Goethes »Faust« unterm Arm betrat er sein Zimmer, gerade in jenem Augenblick, als das Telefon schrillte.

Unser Mann nahm den Hörer und sagte schlicht in die Sprechmuschel: »Osterspaziergang.« Jemand am anderen Ende entschuldigte sich in der Annahme, eine falsche Nummer gewählt zu haben. Leicht zerstreut antwortete unser Mann: »Macht nichts. Ich mußte sowieso ans Telefon, weil's geklingelt hat.«

Er packte seine sieben Schreibsachen und ging nach Hause, streichelte etwas abwesend die Kinder, küßte die Frau auf die Stirn und aus Versehen die Schwiegermutter auf den Mund und befahl leise: »Kocht Kaffee!«

Die Familie, solcherlei Anzeichen richtig deutend, kochte also Kaffee, schlich auf Zehenspitzen über die Teppiche, flüsterte nur noch in Moll und ging frühzeitig schlafen, die Decke übern Kopf, damit kein Schlaflaut die Luft in Schwingungen brachte. Der Mann schrieb.

Er schrieb die ganze Nacht, und als draußen scheppernd der Milchwagen über das Pflaster donnerte, zählte er befriedigend die gewünschten Osterwörter, und siehe da, er hat fast alle untergebracht. Mit entzündeten Augen las er leise vor sich hin:

»Osterspaziergang hier und heute – Vom Eise befreit sind nach einem langen, harten Winter Strom und Bäche durch des Frühlings holden belebenden Blick. Im Tale blühen die Osterblumen, und die Sonne duldet kein weißes Osterei, sondern nur buntgefärbte, in grünender Flur versteckt. Der Osterhase, ein legendäres Fabelwesen, wird von den österlich geputzten Menschen längst nicht mehr ernst genommen, um so mehr von den Kindern, die in gar fröhlichem Übermut die Osterferien genießen und gegenseitig ihre Eier zählen. Blickt man von rauhen Bergen tief in das Tal, wo Osterode liegt, so kann man mit einem guten Zeissglas deutlich ein buntes Gewimmel erkennen, das aus den Gassen hervordringt. Zufrieden jauchzet groß und klein, hier bin ich Mensch, hier darf ich schrei'n. Überall regt sich Bildung und Streben, selbst am Ostermorgen. Aus Giebeln und Dächern steigt Rauch, trägt der Wind den Duft von Osterkuchen und Osterbraten und den Gesang der jungen Leute herüber, die sich zum traditionellen Ostermarsch sammeln. Die Mädchen steigen hinunter zum Fluß in voller Breite und Länge, vom schwankenden Nachen aus Osterwasser schöpfend. Aus geöffneten Fenstern dringt das Gekreisch elektrischer Kaffeemühlen und lüsterner Backfische, die von fürwitzigen Burschen nach altem Osterbrauch aus dem Bette gepeitscht werden. O, würde mein Freund Osterhazy aus Ungarn das Getümmel sehen, er würde sagen: ›Joi, joi Mamma, wie glicklich die Deitschen Ostern foiern.‹ Behaglich lassen ich mich auf der Bank weichen Mooses nieder, schalte meinen Rekorder ein und höre wie eh und je die Osterpredigt von Pfarrer Mümmelmann und freue mich schon darauf, wenn des Abends von Bayern bis Osterfriesen, von den Vulkanen der Polynesischen Osterinsel bis zu den Endmoränen bei Osterburg die Osterfeuer auflodern und die Politiker aller deutschen Länder einem alten Osterbrauch folgend in erbaulichen Reden und gewandten Eiertänzen den Tag der Auferstehung des Herrn preisen. Ostern, Ostern überall.«

Der Mann mit den melancholischen Augen und den traurigen Schultern ging hoffnungsfroh in seine

Redaktion, legte bescheiden das Werk einer schlaflosen Nacht auf den Tisch des Ressortchefs und sagte wie immer etwas geistesabwesend: »Guten Abend«.

An solcherlei Unstimmigkeiten gewöhnt ließ man ihm zunächst Zeit, sich in den Morgen hineinzufinden. Und weil er so übernächtig aussah, fragte man ihn: »Du gefällst uns nicht, quält dich ein Leids? Im übrigen brauchst du dich wegen der blöden Ostergeschichte nicht mehr zu bemühen, wir haben den Osterspaziergang aus dem ›Faust‹ genommen. Goethe ist immer richtig. Aber nächstes Jahr, gelle, denkst du dir etwas früher eine Ostergeschichte aus!«

Der Mann hatte plötzlich keine traurigen Augen mehr. Er reckte sich und beschloß, von dieser Stunde an Satiriker zu werden.

Der Tote im Pilzwald

Jedes Jahr lädt mich mein Freund Hermann zum Pilzgang ein, für mich ein willkommener Anlaß, dem Schreibtisch zu entfliehen und ein paar Tage in würziger Waldluft zu verbringen. Sein Anruf erreichte mich gerade in dem Moment, als ich über mein leidiges Schicksal nachdachte. Statt einem anständigen Beruf nachzugehen, muß ich strohtrockene Artikel in ein lesbares Deutsch übertragen. Am schlimmsten sind die Schreibübungen der Kommunalpolitiker.

Auch das Telefon ist mir höchst zuwider. Es rasselt meistens dann, wenn man nicht gestört sein will. Doch als ich Hermanns dröhnenden Baß vernahm, war ich dankbar für die Abwechslung. »He, du alter Silbenstecher, hast du nicht Lust, mal auszuspannen?

Der Mond steht günstig, die Erde dampft, die Pilze wachsen.«

Dem Angebot konnte ich nicht widerstehen, zumal ein Pilzgang mit Hermann ebenso erholsam wie lehrreich ist. Er kennt so ziemlich alle heimischen Pilze, vom Anistrichterling bis zum Zottenreizker. Irrtümer sind bei ihm so gut wie ausgeschlossen. Er hört die Pilze geradezu wachsen, wittert deren Funstellen und hält sich an die Sammlerweisheit: Wo einer wächst, wachsen auch mehrere. Hermann gilt als ungekrönter Pilzkönig in seinem weitläufigen Revier. Diesen Ruf genießt er wie ein Künstler den Oskar.

Hermann empfahl mir, meinen Wagen, die Stinkmorchel, zu Hause zu lassen, er hole mich vom Bahnhof ab. Und das war gut so; denn in der Nacht vor meiner Abreise ging ein heftiges Gewitter nieder, eine wahre Sintflut verwandelte Bäche in reißende Flüsse, überschwemmte Straßen und entwurzelte Bäume. Die Züge hatten Verspätung, meiner auch. Schon bei der Einfahrt in Waldheinersdorf sah ich Hermanns Gespann, eine Eigenbauvariante aus römischen Kriegswagen und Fiaker, davor ein Zotteltier, das sich bei näherer Untersuchung als ein greises Pony entpuppte.

Hermann stieg vom Bock. Sein schwerer Gang, die unvermeidliche Schiffermütze auf dem runden Schädel – Markenzeichen des einstigen Seemanns, der in einem märkischen Dorf seinen letzten Hafen fand. Ein hübsches, dralles Bauernmädchen machte ihn seßhaft, aber Hermann, nicht zum Bauern geboren, setzte sich noch einmal auf die Schulbank und wurde Lehrer.

»Na, da bist du ja, du alter Krempling« begrüßte er mich mit dem ihm eigenen Charme. Er haute mir seine Rechte ins Kreuz, fragte nicht, wie allgemein üblich, wie es mir gehe, sondern stellte nüchtern fest: »Mies siehst du aus, blaß wie ein Mairitterling.« Pilze prägen nun einmal seine Umgangssprache.

»Wie geht's deiner Rosi?« erkundigte ich mich. Ich mochte sie, seit wir uns kennengelernt haben, und das ist auch schon an die dreißig Jahre her. Sie ist, wie man so sagt, eine Seele von Mensch, die Gutmütigkeit in Person, ein Friedensengel, der Zänkereien auf eine Weise glättet, daß sich selbst Unbeteiligte am Ende schuldig fühlen. Und Rosi ist ein wahres Küchenwunder.

»Ach, Rosi, mein Edelreizker«, antwortete Hermann und schnalzte mit der Zunge. »Sie hat ein neues Pilzgericht ausgetüftelt. Lassen wir uns überraschen.«

Auch über die politische Lage redeten wir ein bißchen, es standen wieder Wahlen ins Land. Hermann hat ein gestörtes Verhältnis zu Politikern, die ihm vorschreiben wollen, was er zu denken und wie er zu leben hat. Er wurde schon einmal ernsthaft gerügt, als er den Landesherrn mit einem Riesenbovist verglich, »außen weiß und innen schwarz.« Er mußte sich sogar einem Untersuchungsausschuß stellen, als er eine »hohe Frau« mit einem tödlich giftigen Knollenblätterpilz verwechselte. Zu den Kindern sagte er: »Merkt euch, ihr Dummchen: Dummheit und Stolz, wachsen oft auf einem Holz, ich will keine Namen nennen.« Hermanns Glück, daß sich der unabhängige Untersuchungsausschuß offensichtlich aus leidenschaftlichen Pilzsammlern zusammensetzte.

Ich hätte das Thema nicht aufgreifen sollen. Hermann wetterte auf dem Kutschbock gegen die »eifernden und geifernden Speitäublinge, Gallenröhrlinge, Spaltblättlinge, Seifenritterlinge, Schwefelköpfe, Rüblinge ... ach geh mir doch weg!«

»Du vergißt die Opposition, Hermann.«

»Auch der ziegelrote Rißpilz ist giftig wie der Fliegenpilz. Die gesunden Rotkappen bringt die Umwelt um, die Pfifferlinge sind nicht pfiffig genug und die Grünlinge zu grün!« Hermann winkte ab.

Wir näherten uns seinem Haus. Im Vorgarten erwartete uns Rosi. »Da bist du ja wieder«, sagte sie weich und, wie mir schien, beglückt. »Du glaubst gar nicht, wie oft wir von dir reden.«

»Dir glaubt er es«, unterbrach Hermann unwirsch die Begrüßung, »aber ich glaube, daß er Hunger hat. Schau dir diese Herbsttrompete an, fällt bald vom Phallus!«

Während Rosi noch in der Küche zu tun hatte, führte mich Hermann in sein Heiligtum, ins Pilzkabinett. Ich kannte es bereits, ein kleines, gemütliches Stübchen im rustikalen Stil. Manches paßte nicht dazu, zum Beispiel die Tischlampe, geformt und gestaltet wie ein Fliegenpilz, ein Geschenk des örtlichen Naturfreundevereins, oder das Geweih, an dessen Enden blaue, gelbe, grüne, rote und violette Pilzlämpchen strahlten, Freundschaftsgabe eines sowjetischen Offiziers, dessen Frau, eine Deutschlehrerin, sich ab und zu bei Hermann Rat geholt hatte. Der Gastgeber zeigte auf ein neues Foto: »Sieh mal, ein Prachtexemplar – Aleuria aurantia!«

»O, aus der Südsee, Hermann?«

»Nee, vom Friedhof. Schau dir diese Farben an, wie eine Koralle! Leider ist das Fruchtfleisch sehr dünn, man kann nur Suppen damit würzen. Zum ersten Mal fand ich diesen seltenen Becherling.« Ich gratulierte Hermann zu diesem Fund.

Ein neues Pilzlexikon drückte mir Hermann in die Hand. »Von Schnippel und Söhne. Erstmalig sind hier Pilzkrankheiten genannt.« Ich ärgerte mich ob meiner Vergeßlichkeit. Habe ich doch mein Gastgeschenk liegengelassen, eine Broschüre über Fußpilz, die mir mein Apotheker als Werbeprospekt aufgedrängt hat.

Auf einem wandlangen Regal standen klarsichtige und beschriftete Einmachgläser, oben mit rot-weißkarierten Katentüchlein zugebunden. Sein Bestand an getrockneten Pilzen in allen Farben. »Rosi wird dir davon was mitgeben, wir haben noch mehr.«

Hermann öffnete den Schrein mit der Aufschrift »Giftschrank«, holte eine Flasche ohne Etikett hervor, in der eine hellgelbe Flüssigkeit schwappte. Er schüttelte kräftig, ein bräunlicher Staub trübte das Wässerchen. Ein süffisantes Lächeln spielte über Hermanns Gesicht. Er schenkte zwei 50-Gramm Gläser voll. »Na, denn...« Mit einem Schluck, so sind wir's gewöhnt beim Begrüßungsschnaps.

»Na?«, fragte Hermann lauernd.

»Schmeckt nach Pilzen. Nicht schlecht.« Ich hätte hinzufügen müssen, daß 45 Prozent auch gereicht hätten. Herrgott, brannte des Zeug, bis in die Eingeweide.

»Reiner Spritt, mit einem Aufsud pulverisierter Steinpilze vermischt.« Wie stolz er das sagte. Es sollte mich nicht wundern, wenn er das Produkt patentieren läßt. Er wollte gleich noch einmal nachgießen, aber Rosi rief aus der Küche »Essen!«

Hausfrauen darf man nicht warten lassen. Der Tisch war gedeckt, in der Schüssel dampfte eine würzige Kartoffelsuppe, auf einer flachen Schale lagen goldbraun gebackene Plinsen. »Jetzt bin ich gespannt, ob es dir schmeckt«, sagte Rosi ein bißchen ängstlich. »Das sind Pilzliwanzen, das erste Mal probiert.«

Was sollte ich schon sagen bei Rosis Kochkünsten

– eine Götterspeise. Ich konnte ihr keine größere Freude machen, als um das Rezept zu bitten. Von der Nachspeise war ich nicht ganz so angetan, auch eine Neuheit: Süßes Pilzdessert mit Flaschentäublingen, Butter und Puderzucker. Ich ließ mir nichts anmerken. Wie sagte meine Großmutter immer? Ein geschenktes Mahl ißt man ohne Qual.

Wir sind früh schlafen gegangen. Denn nach der von Hermann sorgfältig geplanten Route hatten wir einen etwa zweistündigen Anmarschweg. Auf seinem Meßtischblatt, weiß der Teufel, woher er das hat, waren generalstabsmäßig Linien, Pfeile und Kreise eingezeichnet, es war mit Frontalangriffen und Einklammerungen zu rechnen – ein Ganztagsmanöver also.

Um fünf Uhr morgens klingelte nebenan ein Wekker. Seit meiner Schulzeit habe ich so ein nervenaufpeitschendes Läutwerk nicht mehr gehört. Ich wollte auf die tägliche Tortur des Rasierens verzichten und meiner spröden Haut eine Atempause gönnen. Zum Glück fiel mir ein, daß ich Gast bei Rosi bin, den Anblick eines stoppeligen Morgenmuffels hat sie nicht verdient.

In der Küche duftete es nach frischgebrühtem Kaffee. Rosi schnitt Brote zum Mitnehmen und fragte, ob ich lieber Mettwurt oder Leberwurst drauf haben möchte. Bevor ich antwortete, polterte Hermann herein. Er erledigte meine Antwort gleich mit: »Wurst muß man in die Hand nehmen. Gib uns doch von der harten Paprikasalami mit. Oder ...«, schräger Blick zu mir, »... kannst du nicht mehr kauen?« Und wenn mir die Zähne einzeln ausfallen, dachte ich, vor Rosi geb ich es nicht zu. Rosi war aber viel zu klug, um die Provokation ihres Alten nicht zu durchschauen. »Ich mach euch trotzdem ein paar Schnitten.«

Festes Schuhwerk hatte ich mir eingepackt, auch

warme Socken, eine alte Cordhose, einen Westover. Hermann musterte mich: »So kannst du nicht gehen. Schade um den schönen Anorak.« Er verschwand, kam nach wenigen Minuten wieder, warf mir eine Tarnjacke zu, zwang mich, sie anzuziehen und sagte: »Paßt!« Wie ein Kammerbulle, einfach »paßt«, und damit keine Widerrede. Rosi zeigte sich entsetzt. »Den Fetzen hab ich schon dreimal weggeworfen, und immer wieder kramst du ihn vor wie ein Hund seinen vergrabenen Knochen!« Nun doch eine Widerrede von mir: »Schimpf nicht, Rosi, wo Hermann hinkriecht, da muß auch ich hinkriechen«, womit der Haussegen geradegerückt war.

Hermann wählte mit Bedacht aus drei alten, vergammelten Hüten den ältesten, »windsichersten« aus, ein tütenförmiges Monstrum. Er drückte mir einen Henkelkorb und als »Ersatz« einen Leinenbeutel in die Hand. »Sicher ist sicher!«

»Geht nicht so weit! Bleibt nicht so lange weg«, mahnte Rosi. »Im Wald treibt sich manchmal Gesindel herum, denk an den Geisterspringer!«

»Woran? Davon hab ich noch nichts gehört.«

»Erzähl ich dir unterwegs,« sagte Hermann, »wir müssen jetzt gehn.«

Wir schlugen gleich hinterm Haus den Weg zu den Viehkoppeln ein. In den Radfurchen stand das Wasser, die Zweige an den Büschen glitzerten, aus dem Frühdunst schob sich langsam die Morgensonne.

»Na, was war nun mit dem Geisterspringer?

Hermann erzählte die Geschichte auf seine Art, knapp, ohne poetische Ausmalung und ohne jeden Gruseleffekt:

»Naja, was die Weiber erzählen, muß man erst mal filtern. Die mit ihren Märchenstimmen, Seelenverkrampfungen, Angstvokabeln, Huch und Hach und

Herzstillständen... kannste vergessen. Alles Belletristik. Wahr ist, daß sich einer in den Wäldern rumgetrieben hat, der sich ein aus Bettlaken geschneidertes Kapuzenmäntelchen überhing und drei Meter weit über Büsche, Gräben und Wege gesprungen ist. Keinem Menschen hat er was angetan, nicht mal wie eine Hexe gelacht oder wie ein Gespenst geheult. Aber die Weiber: ›Beinah‹ und ›Wenn ich nicht schnell weggerannt wäre...‹ So ein Quatsch! Der Springfrosch hätte die Zitterbeinchen mit einem Satz eingeholt. Weil die Polizei wohl nichts zu tun hatte, haben sie ein paar von den Grünröcken in Zivilklamotten gesteckt und Waldspaziergänge befohlen. Das Gespenst, ein arbeitsloser Artist und Spaßvogel, war danach für sie gar nicht so interessant, vielmehr bestaunten sie seine handgebastelte Sprungvorrichtung. Das ist alles.«

Der Weg wurde zum Pfad und durchquerte ein junges Mischwäldchen aus Birken, Eichen, Lärchen, Kiefern und wer weiß was noch. Ich zückte mein Taschenmesser. »Brauchst gar nicht erst reinzugehen«, sagte Hermann. »Siehst doch, der Boden ist um und um aufgewühlt, da hält sich kein Pilzgeflecht. Wildschweine. Da fällt mir ein: Jägeromelett mit Täublingen ist auch nicht schlecht. Nimm sie mit, wenn du welche findest, aber zeig sie mir. Da hielt doch mal einer, auch so ein Stadtmensch, den Speitäubling für'n Frauentäubling. Ich sagte: Der ist nicht genießbar! Er: Wohl neidisch, wa? und zeigte mir einen Vogel. Ich konnte ihm nur noch angenehmes Kotzen wünschen.«

»Bei dir lernt man nie aus, Hermann«, schmeichelte ich ihm und nahm mir vor, gar keine Täublinge finden zu wollen. Wir durchstreiften einen Hochwald, alte Kiefern. Nach Hermanns Waldkenntnis lohnte es sich hier auch nicht zu suchen. Das sei ein Kindersuchplatz, für die Kleinen, die noch an Isegrim und die Knusperhexe glauben. Wir müssen weiter hinten hin. Hermann zeigte aber nach vorn in eine unbestimmte Ferne. Er weiß dort ein Steinpilzfleckchen.

Hermann glaubte dazu eine Erklärung abgeben zu müssen: »Denn sieh mal. Es ist ja anzunehmen, daß auch andere das Fleckchen kennen, und wer erster ist, mäht zuerst, logo? Wir finden noch genug andere Pilze.«

Gegen diese Logik war nichts einzuwenden. Das Gehen wurde für mich mühsamer, ein wenn auch nicht steiler so doch steter Anstieg, der am Ende den Blick freigab über das, was man in ungenauer Beschreibung einfach Landschaft nennt. Wir verpusteten ein wenig, immerhin waren wir schon über eine Stunde unterwegs. In der Landschaft erblickte man zur Rechten eine Mülldeponie, die sich wie eine Gletscherzunge in den Wald hineinfraß. Zur Mitte hin erhob sich ein buschiger Buckel, aus dem vereinzelt, fast drohend, Fichtenspitzen in den Horizont stachen – ein gigantischer Igel. Und zur Linken hinter einem sanften Abhang lümmelte sich im bläulichen Dunst ein riesiger Bär, Hermann nannte ihn Zuckauer Schweiz. »Dort müssen wir hin.« Und das ohne Seilschaft!

Wir erreichten mit Mühe, wenn auch ohne Not – die Hartwurst läßt sich im Gehen kauen – die Talsohle, überquerten ein Bächlein, das noch in reiner Unschuld dahinplätscherte, und zeigten jetzt dem Bären, zu welchen Kletterleistungen leidenschaftliche Pilzjäger fähig sind. Wurzel um Wurzel, Stein um Stein, Farn um Farn, Ast um Ast, Spinnnetz um Spinnetz, bis wir keuchend anhielten. »Wir sind gleich da«, sagte Herman, »jetzt wird's gemütlicher.«

In der Tat, wer hätte das gedacht! Schlängelte sich doch ein Weg, breit wie eine Dampfwalze, gemütlich dahin, machte da eine Biege, dort einen Hopser, zielstrebig auf einen kernigen deutschen Eichenwald zu.

»Da sind wir.«

»Warum flüsterst du plötzlich?« Hermann merkte seinen Stimmwechsel gar nicht. Es ist wahrscheinlich die psychische Spannung, dachte ich. Wer stundenlang auf einen Fleck zusteuert, im Geiste die lederbraunen Hüte mit dem schwellenden hellgrünen Fruchtkörper und den faßförmigen Stielen vor sich sieht, muß ja leicht durchdrehen. Vielleicht flüsterte er nur, um schlafende Pilze nicht zu wecken. Aber das wäre ja ganz gegen seine Absicht.

Hermann entsicherte sein Pilzmesser. »Du nimmst die linke Seite vom Weg, ich die rechte« raunte er mir zu. »Wir treffen uns, na sagen wir in einer Stunde hier bei diesem Stein.«

Was in den nächsten zwei Minuten geschah, dürfte selbst einer Agatha Christie schwerfallen, zu beschreiben. Ich versuche es dennoch, trotz des Schrekkens. Man möge mir verzeihen, wenn ich das Ende der Geschichte nicht in aller Breite widergebe.

Es mochten höchstens zwei Minuten vergangen sein, als ich Hermann nach mir rufen hörte. Mehrmals, wie in panischer Angst rief er meinen Namen. Er stand am Stein, sein Antlitz blaß, die Hände zitterten. Leise und abgehackt teilt er mit: »Da drin liegt ein Toter.«

»Komm!«, sagte Hermann und ging voran. Dann sah ich ihn, den Toten.

»Bist du sicher, daß er tot ist, oder nur bewußtlos, vielleicht betrunken?«

»Ich hab ihn berührt, da ist kein Leben mehr drin. Schau ihn doch an!«

Jeder Zweifel war ausgeschlossen. Gekrümmt, aber stocksteif lag er da. Gelb wie Wachs das Gesicht, starre Augen, blutleere, im Krampf geöffnete Lippen, vor den Füßen ein Beutel und ein offensichtlich herausgefallenes Messer, ein Arm vom Körper weggestreckt, als hätte er noch im Fallen Halt gesucht, und einen halben Meter hinter der im Boden verkrallten Hand – ein Steinpilz. Ja, ein ganz gewöhnlicher, wenn auch stattlicher Steinpilz.

Wir zogen uns zurück zum Weg. Hermann sagte, schon etwas fester in der Stimme: »Du bleibst jetzt hier, rührst dich nicht vom Fleck, läßt niemand da rein. Ich kenn mich hier aus und verständige auf schnellstem Weg die Polizei.«

Hermann verschwand im Laufschritt, und ich stand da und hielt Totenwache. Armer Alter! Wahrscheinlich ist er einem Herzschlag erlegen. Ich hätte ja inzwischen den Waldrand ein bißchen absuchen können, aber die Lust war dahin. Es war halb acht. Ich setzte mich auf den Stein, aber dann trieb es mich wieder hoch. Man kommt ins Sinnieren, versucht sich abzulenken. Ich schaute den Ameisen auf dem Weg zu. Sie rannten hin und her, ohne jede Gesetzmäßigkeit. Ein Eichelhäher, der Wächter des Waldes, schrie. Doch die Zeit schleicht und schleicht. Die abstrusesten Gedanken kommen einem wie: Warte nur, bald belebt der Tote den Wald.

Endlich Motorengeräusch. Ich stellte mich in die Mitte des Weges. Ein PKW und ein Krankenwagen. Mit Hermann stiegen drei Zivilisten aus, einer trug eine Art Hebammentasche, ein anderer eine Kamera. Der älteste der Abordnung knarrte: »Na, dann wollen wir mal.« Hermann und ich gingen voraus.

Am Ort des Grauens geschah dann das Unglaubliche. »Keinen Schritt weiter!« befahl der Kommissar und schaute begeistert zum Toten. »Was für ein Prachtstück! Lange nicht so einen Kerl gesehen!« Mit einem Satz sprang er über die Leiche und – schnitt vor unseren Augen den Steinpilz ab. »Den nehm ich mit, das gibt ein Schnitzelchen, hmmm!«

Unsere Körbe blieben leer, die Freude am Sammeln ist uns vergangen. »Menschen gibt es«, sagte Hermann, »die sollte man nicht in den Wald lassen.« In seiner Stimme schwang Trauer und ein bißchen Neid.

Am 13. 4. sollte die Welt untergehn, hieß es. Am 12. 4. kaufte ich mir eine Flasche Schnaps und trank sie genüßlich aus. Die Welt ging nicht unter, aber der Anlaß zum Trinken war nicht schlecht. Oder?

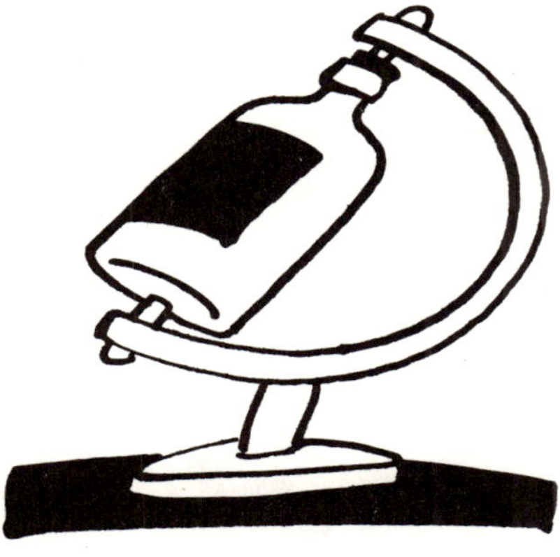

Das traurige Los eines begnadeten Bankräubers

Die Temperatur schwankte um null Grad. Ein eisiger Nordwest trieb Regen- und Graupelschauer durch die Straßen, an der Bushaltestelle drängten sich die Wartenden in die windgeschützte Ecke. Ein Mann mit tief in die Stirn gezogener Kapuze nieste erbärmlich. Aus Angst vor Ansteckung ging ich weiter, in der Nähe wußte ich eine Kneipe. Ein steifer Grog würde mir jetzt guttun.

Um diese Zeit, am frühen Nachmittag, waren nur wenig Gäste im Lokal, wenngleich an jedem Tisch ein oder zwei Leute saßen. Es scheint ein ungeschriebenes Gesetz in diesem Lande zu sein, sich nicht zu Fremden zu setzen.

Auch ich bin manchmal gern allein. Heute indes zog es mich zu einem Gast, der trübsinnig vor sich hinschaute und sein Glas immer noch mit beiden Händen umklammerte, obwohl es leer war. Nicht von ungefähr wollte ich gerade an seinem Tisch Platz nehmen. Als ich nämlich am Tresen vorbeiging, hörte ich den Kellner sagen: »Da sitzt der Penner schon zwei Stunden an einem Glas. Wir sind doch keine Wärmehalle.« – »Darf ich mich zu Ihnen setzen?«

Der als Penner bezeichnete Mann nickte, ohne aufzuschauen. Nun ja, die Armut kroch aus allen Maschen seiner verschlissenen Weste, aber darunter hatte er, was man bei »Pennern« selten findet, ein weißes, gestärktes Hemd, auch so etwas wie eine Krawatte um den Hals geknotet. Ich schätzte ihn um die 60 herum, trotz der langen Haare, die er hinten mit einem Gummiband zusammenhielt. Seine Bartstoppeln mochten drei Tage alt sein.

»Trinken Sie einen Glühwein mit mir? Ich lade Sie ein.«

Zum ersten Mal schaute er mich an, überrascht, fragend, dann nickte er. Der Kellner kam, wollte wissen, was er bringen darf. Vielleicht hörte er schlecht, weil er ebenfalls überrascht und etwas hochmütig sich noch einmal vergewisserte: »Sagten Sie zwei?« Ich wiederholte meine Bestellung, zeigte auf mich und den Alten neben mir.

Der Kellner mußte seine Verwunderung auch dem Barkeeper mitgeteilt haben. Beide schauten grinsend zu unserem Tisch.

Der Glühwein dampfte und duftete. »Na dann, wohl bekomms!« Der Alte nickte, bedächtig schlürften wir das Heißgetränk.

»Ah, das tut gut bei diesem Sauwetter heute«, sagte ich nach dem ersten Schluck, in der Hoffnung, eine Bestätigung zu hören. Der Alte nickte abermals und schlürfte genüßlich weiter. Ich mochte nicht wie üblich daran erinnern, daß ich ein ähnliches Sauwetter schon einmal erlebt habe, sondern erhärtete mein Befinden mit der Behauptung: »Da treibt man keinen Hund auf die Straße.«

Der Alte schlürfte und nickte.

Im gleichen Augenblick kam mir in den Sinn, daß Wetter- und Hundbeziehungen vielleicht nicht gerade geeignet sind, um den Alten aus der Reserve zu locken. Vielleicht hat er gar keinen Hund. Nach dem letzten Schluck lehnte ich mich behaglich zurück: »Wohl dem, der ein Dach überm Kopf hat!«

Der Alte nickte nicht mehr. Eine merkwürdige Veränderung ging in ihm vor. Seine Augenschlitze verengten sich, die bläuliche Ader an der Schläfe schwoll an, und mit einer Stimme, die bis in den letzten Winkel des Lokals aufhorchen ließ, sagte er: »Verscheißern kann ich mich alleene, deswegen brauchten Sie sich nicht zu mir setzen.«

Nun begriff ich. Das also ist der wunde Punkt: er ist obdachlos. »Lieber Mann (auch so eine dumme Anrede), das hab ich doch nicht gewußt. Eine gedankenlose Redensart, wenn man nicht weiß, worüber man sich unterhalten soll. Entschuldigen Sie bitte.«

Beim dritten Glas beruhigte sich der Alte, ja, er faßte sogar Vertrauen zu mir. Er erkundigte sich nach meinem Beruf, wovon ich lebe, weil um diese Zeit normalerweise gearbeitet wird. Ein abschätzender Blick: »Wie einer aus dem Asyl sehen Sie grade auch nicht aus.«

Ich befürchtete, er würde sich gleich wieder in Schweigen hüllen, wenn er meine Antwort hört. Denn Leute von der schreibenden Zunft werden gewöhnlich gemieden. Sagte aber dennoch wahrheitsgetreu, wovon ich mich ernähre: »Nun ja, eigentlich war ich mal Schriftsetzer, ein Computer hat mich abgelöst, aber seit Jahren schreibe ich selbst.«

Ich erwartete eine abfällige Bemerkung, wie ich sie oft genug hörte: Aha, ein Schreiberling sind Sie, ein Spinner, ein Sesselfurzer. Woll'n mich wohl aushorchen, in meinem Leben rumwühlen, aus mir Geschichten rausquetschen, und dann mit meiner Hilfe die dicken Honorare einstecken. Deshalb sind Sie so spendabel.

Aber nichts dergleichen sagte er. Im Gegenteil, er gab es mir auf andere Weise: »Naja, jeder hat eben seinen Beruf. Aber die Artikel und anderen Sachen, die man in den Zeitungen liest, sind ja doch meistens verlogen, entweder schön rausgeputzt oder durch den Dreck gezogen. Hab ich alles schon erlebt. Ich könnte Ihnen mein letztes Erlebnis erzählen, aber das nimmt Ihnen keiner ab. Meine Kumpels meinten, was mir passiert ist, das gibt's doch wohl nicht.«

Neugieriger kann man einen erlebnishungrigen Schreiberling schon nicht mehr machen. Ich versprach dem Alten die Hälfte meines Honorars, wenn er mir erzählt, was es angeblich nicht geben kann. Beim vierten Glas willigte er ein. Sein Bericht hörte sich an wie ein Dossier aus einer Polizeiakte:

»Vor drei Tagen war meine Gerichtsverhandlung, angeklagt wegen Bankraub. Es war das erste Mal, daß ich mich dazu entschlossen habe. In den vergangenen Jahren haben sie mich öfter erwischt. Wegen Ladendiebstahl. Mal da ein Kringel Wurst, mal dort eine Flasche Rotwein, also Mundraub sozusagen. Die Polizei hat mich dann immer für einen Tag, wenn's gut ging auch mal für zwei Tage eingelocht. Da kriegte ich was zu essen, hatte ein Dach überm Kopf und durfte meine Straftat irgendwie abarbeiten. Ich habe das schon immer so eingerichtet, daß sie mich bei schlechtem Wetter wie heute erwischten. Die Nachtasyle waren da meistens schon überfüllt.

Ich wartete nach jeder Festnahme auf einen ordentlichen Prozeß. Es kam nicht dazu. Bagatelle, sagten die Haftrichter. Zweimal haben sie mich aber doch vor den Kadi geschleppt. Einmal wegen Diebstahl eines Koffers auf dem Hauptbahnhof, das andere Mal wegen Erregung öffentlichen Ärgernisses. Und das kam so:

Im Koffer befanden sich weibliche Kleidungsstücke, Seife, Patschulle, Schminke, na eben, was Damen so brauchen. Auch nicht mehr ganz reine Wäsche war drin. Ich hatte also Absatzschwierigkeiten, und das spricht sich bis zur Polizei schnell herum. Vor Gericht bereute ich. Wer tut das nicht! Urteil: ein halbes Jahr Bewährung. Nischt mit einem gemütlichen Knast, und das um Weihnachten herum!

Und was das öffentliche Ärgernis betrifft, das verdankte ich einer vornehmen Dame im Villenviertel am Stadtpark. Ich nächtigte damals auf einer Parkbank. Jeden Morgen erledigte ich so zwischen sieben und acht in den Büschen meinen Morgenpiß. Und immer zu dieser Zeit spazierte die werte Dame mit ihrem Hündchen dort vorbei. Das erste Mal sagte sie: »Das is ja man ein s-tarkes S-tück!«, über die Länge hat sie sich nicht weiter geäußert. Als ich ihretwegen öfter die Büsche wechselte, hat sie einen Bullen auf mich gehetzt. Der Fall war ja nun ganz klar, aber der verständnislose Richter verdonnerte mich wieder nur zur Bewährung und Ausquartierung aus dem Stadtpark. Eine Einquartierung auf Staatskosten wär mir lieber gewesen. Das war um den Siebenschläfertag herum, es regnete in Strömen.«

Der Alte schneuzte sich und tat dem Kellner mit einer kreisenden Bewegung kund, daß noch eine Lage fällig ist. Ich nutzte die Atempause, um ihn zu fragen: »Haben Sie sich denn nicht zwischendurch beim Sozialamt um eine Wohnung bemüht?«

Der Alte lachte verächtlich: »Bemüht ist gut. Bei der letzten Audienz sagte ich zum Amtmann, er kann mich mal, Sie wissen schon wo. Der stellte sich ziemlich dumm an und brachte es nicht einmal fertig, mich wegen Beamtenbeleidigung anzuzeigen. Da beschloß ich, eine Bank zu überfallen! Ich klaute eine Spielzeugpistole, setzte eine Faschingslarve auf, ging kurz vor Feierabend zu einer abgelegenen Filiale und sagte am nächstbesten Schalter: »Das ist ein Überfall. Geld her oder es knallt.« Ich wollte ja nicht alles, sondern nur so viel, um ein paar Wochen über die Runden zu kommen. Vielleicht im Ostelbischen, dort sind die Zimmer billiger. Die Bankangestellte gab mir anstandslos ein Bündelchen Banknoten durch den Schlitz, während im Hintergrund einer Alarm auslöste. Ich war noch beim Nachzählen der Scheine, da rückten sie schon an, die Grünen. Dann kam es zum Prozeß, vor genau drei Tagen. Ich hatte nur einen Wunsch – ein gerechtes Urteil, gesicherte Verpflegung und ein warmes Quartier während der Wintermonate. Aber meine Rechnung ging nicht auf. Man verurteilte mich – Sie werden's nicht glauben – zu einem Jahr auf Bewährung mit der Begründung, zur Zeit sei keine Zelle mehr frei.«

»Das ist ja 'n Ding«, erlaubte ich mir zu bemerken. Hatten Sie denn keine andere Idee? Bankräuber, mein Gott, davon gibt's doch schon jede Menge. Die läßt man vielleicht absichtlich fliehen, weil die Zellen nicht ausreichen.«

»Naja, was sollte ich machen. Umbringen kann ich keinen, Körperverletzung ist auch nicht mein Fach, als Spion tauge ich nicht, zur Hausbesetzermafia will ich nicht, da wird zu viel geprügelt. Ich bin nämlich, müssen Sie wissen, gegen jede Gewalt und ein verträglicher Mensch. Und ein Politischer bin ich auch nicht, obwohl einer meiner alten Kumpels es geschafft hat. Acht Monate bekam er.«

»Aha! Und wie?«

»Der hat sich vermummt und ein Schild getragen, worauf er eigenhändig schrieb: ICH BIN GEGEN ALLES UND FÜR NICHTS! WEG MIT DEN GESETZEN! Da hat man ihn wegen Anarchie eingelocht. Jetzt sitzt er im Warmen bei dem Sauwetter, wo man nicht einmal einen Hund rausjagt. Prost, Herr Kollege!«

»Prost! Wieso Kollege?«

»Naja, ich war ja auch mal Schreiber. Gerichtsschreiber. Deshalb kennen mich die Banditen dort alle und sind so hundsgemein freundlich mit mir.«

Ich zahlte die Zeche, verabschiedete mich von meinem Kollegen und wußte im selben Augenblick auch schon, daß ich kein Honorar bekommen werde. Diese Geschichte nimmt mir keiner ab.

Nacht des Schreckens

Es mußte gegen 23 Uhr gewesen sein, als uns ein kurzer angstvoller Schrei von draußen aufschreckte. »Hast du das gehört?«, fragte meine Frau, die sich gerade anschickte, ins Bett zu gehen. Ich unterbrach mißmutig die Lektüre eines spannenden Kriminalromans. Vielleicht kennen Sie ihn? »Der Mitternachtsmörder geht um«.

Wir lauschten und glaubten, ein Wimmern zu vernehmen. – »Schau doch mal nach!«

Todesmutig raffte ich mich auf, schlüpfte in die Filzstiefel, zog meinen Anorak an, stülpte die Pelzkappe auf, nahm die Taschenlampe vom Regal und klemmte die »Hausordnung«, eine Gymnastikkeule, untern Arm.

Beim Öffnen der Haustür schlug mir ein eisiger Hauch ins Gesicht, der Schnee knirschte unter meinen Sohlen. Wenige Stunden zuvor waren die Straßen und Wege noch ein einziger Matsch, ein jäher Kälteeinbruch verwandelte sie in eine Eisbahn.

Der Lichtkegel meiner Lampe erfaßte eine Gestalt. Da hängt doch einer am Zaun? Leblos, wie mir schien. Ich mußte unwillkürlich an eine ähnliche Stelle im Kriminalroman denken. Dort handelte es sich um eine auf dem Boden hockende Leiche.

Eine Leiche war es noch nicht. Die Gestalt sackte plötzlich vor mir zusammen. Sie entpuppte sich als eine noch sehr junge Frau. Aufdringlich rotgeschminkte Lippen hatte sie und an ihren Ohren untertassengroße Ringe. Ein Hauch billigen Parfüms und das Odeur hochprozentigen Alkohols umfing ihr blasses Antlitz.

»Mann, mach doch endlich die Funzel aus!« sagte sie und kniff die Augen zusammen.

»Sind Sie verletzt? Kann ich Ihnen helfen?«

»Ach wat, ich kann nich loofen in die Schuhe.«

Kein Wunder, daß die Dame Schwierigkeiten hatte. Schuhe mit hohen Absätzen! Bei dieser Glätte! Unter dem Kapuzenmäntelchen schauten zwei grellgelbe Hosenbeine hervor. Ich half ihr erst einmal auf die Füße, bis sie sich am Zaun festhalten konnte.

»Wo wohnen Sie denn?« fragte ich.

»Wo ick wohne? Na am Wowo-wollersdorfer Weg, Mann!« Den Vorwurf mußte ich einstecken. Das hätte ich wissen müssen, obwohl mir die Dame völlig unbekannt war.

»Da sind Sie aber ganz schön vom Weg abgekommen. Hier ist die Kärntner Straße.

»Wat, die Käkä..., ach du Scheiße!« Seltsam. Begriffe und Redewendungen aus dem Fäkalienbereich gehen selbst Betrunkenen flüssig über die Lippen.

»Halten Sie sich mal einen Augenblick hier fest, ich komme gleich wieder und bringe Sie dann nach Hause.«

Meine Frau war sichtlich erleichtert, als sie hörte, es sei nur eine Betrunkene. »Gib ihr erst mal einen Becher heißen Tee, aber bring mir das junge Ding nicht ins Haus! Und fahr nicht mit dem Wagen, die kotzt dir vielleicht alles voll!«

Das junge Ding hing noch am Zaun. Es goß den

Tee in sich hinein, warf den Becher übern Rücken und stellte befriedigt fest: »Allet klaro, und scheenen Dank. Jehn se man wieder in Ihre Forzmolle zu Ihre Frau, ick find alleene zu Hause.«

Sie wollte beweisen, wie fit sie ist. Aber schon nach wenigen Schritten saß sie auf ihrem Allerwertesten. Ich hievte sie hoch und hakte sie kräftig unter.

Der Weg nach Golgatha konnte nicht anstrengender sein. Manchmal schoß mein Schützling nach vorn wie ein Auto, dem man plötzlich Gas gibt, dann hing er wieder wie ein Sack an meiner Seite. Plötzlich riß sich die ungezähmte, widerspenstige Nachtbraut von mir los, als hätten wir Streit miteinander gehabt, um wenige Augenblicke später auf allen Vieren zu landen. Mühsam trennte ich sie von einer Bank. Es sei ihr Bett, behauptete sie und bat um ein Gutnachtküßchen. Kurz vor ihrem Ziel kniete sie nieder, winselte, ich kann nicht mehr, und wollte sterben. Sie legte sich hin wie ein weidwundes Reh und rührte sich nicht. Ich schrie sie an: »Steh auf, Mensch, sonst bist du morgen eine Leiche!« Ich bin nicht gewalttätig, aber nun wußte ich mir nicht anders zu helfen, als ihr zwei Ohrfeigen zu verabreichen. So habe ich es einmal in einem Film gesehen. Sie rappelte sich ohne ernsthaften Widerspruch wieder auf und folgte mir wie eine hungrige Wölfin.

Nun hatte sie das Bedürfnis, mir ihren Zustand und wie es dazu kam, zu erklären, ziemlich konfus und mit schwerer Zunge. Demnach war sie auf einer Disco, und ihr Freund, das »Arschloch«, habe sich nicht mehr um sie gekümmert und sei einer anderen »blöden Kuh« nachgestiegen. Deshalb sei sie so früh abgehauen.

Zu meinem Erstaunen erkannte sie das Häuschen wieder, in dem sie wohnt. Sie krakeelte vor der Tür wegen des dämlichen Schlüssels, der nicht ins Loch wollte. Auch dabei half ich ihr noch. Ich sei »echt stark« sagte sie und drückte mir vollmundig einen Abdruck ihrer Lippen auf die Backe. Was danach geschah, werde ich mein Lebtag nicht vergessen. Es war der Höhepunkt meiner ritterlichen Mission.

Kaum hatte ich die Lady in den Flur geschoben, ging plötzlich das Licht an. Eine Frau von furchteinflößendem Gewicht und mörderischem Ausdruck unter den Lockenwicklern stand vor uns, haute ohne Vorwarnung dem Mädchen und mir eine volle Breitseite ins Gesicht und stieß die sehnsüchtig erwartete Tochter, »das Miststück, die Nutte« in die Tiefe des Flures.

Noch hätte ich fliehen können, hielt es aber nach der Züchtigung für angebracht, eine Erklärung abzugeben. Schließlich war es ja eine Hilfeleistung meinerseits. Statt zuzuhören, schrie mir die Königinmutter ihre unsägliche Verachtung ins Gesicht: »Daß Sie sich nicht schämen, Sie alter Knacker! Erst junge Mädchen besoffen machen und dann mit ihr noch ins Bett krauchen, pfui!«

»Aber ich bitte Sie, ich habe doch nur ...«

Sie ließ mich nicht aussprechen. »Anzeigen werd ich Sie wegen Verführung Minderjähriger!«

»Aber bitte, lassen Sie sich doch erklären ...«

»Das kannst du vor Gericht, du Sittenstrolch!« Plötzlich stutzte sie und zog mich unter die Flurlampe. »Ach nee! Sie kenn ich doch. Sie sind doch der, der bei Elternversammlungen immer so lange Reden hält. Ihre Frau ist Lehrerin, stimmt's? Die arme Frau, die kann einem leid tun.« Sprachs und warf mich kurzer, aber starker Hand zur Tür hinaus. »Daß Sie sich nicht schämen!« schrie sie noch einmal, und der Rest ihres Nachrufes enthielt die Ankündigung, daß diese, meine Untat ein Nachspiel haben werde.

Ich traute mich gar nicht, meiner Frau in allen Einzelheiten mein Erlebnis zu erzählen. Sie hätte sich wahrscheinlich furchtbar aufgeregt, was ich ihr ersparen wollte. Allerdings nahm ich mir vor, gleich am nächsten Tag die Dreschmaschine aufzusuchen, um ihr den wahren Sachverhalt zu erklären. Doch dann verschob ich in Erinnerung an die Maulschellen diese Absicht und hoffte im stillen, die Tochter, diese »Nutte, das Miststück«, werde an meiner statt alles richtiggestellt haben.

Ich hoffte zwei Tage, eine Woche lang. Ich wünschte, die rasende Mutter würde sich bei mir entschuldigen. Vier Wochen lang lauerte ich die Postbotin auf, kein Brief, keine Vorladung vom Gericht. War ich erleichtert.

Die Leute im Dorf grüßen mich freundlich wie eh und je, nur scheint mir ihr Lächeln ein bißchen anders als sonst. Ist vielleicht nur Einbildung.

Rendezvous mit einem Herrn in Grau

Der Herr in Grau erhob sich. Mit dem gütigen Lächeln eines Vaters griff er nach meiner Hand und drückte sie warm: »Seien Sie herzlich willkommen im Arbeitsamt.« Sanft zwang er mich in den Sessel: »Zigarre? Oder bevorzugen Sie eine Zigarette? Bitte schön! Ein Täßchen Mokka trinken Sie doch mit? Wie war doch gleich Ihr Name? Ach ja, Mäuselfinger.«

Der Mokka verbreitete einen aromatischen Duft, dezente Musik aus einem Stereo-Recorder umlullte das sanft dahinplätschernde Gespräch über die Zeit im allgemeinen und die Poesie der Gegenwart im besonderen. Die Romantik ist dahin, es gibt keine Balladen mehr, seit unsere Dichter mit dem Auto durchs Land rasen. Der Herr in Grau seufzte und schickte einen langen Blick himmelwärts.

Das gab mir Zeit zur Sammlung, um mein eigenes Anliegen vorzutragen: »Sie werden es mir hoffentlich nicht übelnehmen, Herr Sachbearbeiter, wenn ich Sie nunmehr in einer ganz persönlichen Angelegenheit konsultiere?«

»Sprechen Sie nur. Sie anzuhören, dazu sind wir ja da. Bei uns werden Sie stets ein offenes Ohr und freundliche Fürsprache finden«, ermunterte mich die graue Eminenz.

»Ich danke Ihnen, Herr Sachbearbeiter, und ich möchte Sie freundlichst um Vermittlung einer Arbeitsstelle ersuchen.«

»Dacht' ich mir's doch«, lächelte der Herr in Grau und zeigte zwei Reihen blendendweißer Zähne, zu schön, um echt zu sein. »Haben Sie eine bestimmte Vorstellung, Herr Antragsteller?«

»Ungefähr. Ich würde gern als Lektor in einem Verlag arbeiten wollen«, gab ich zurückhaltend und bescheiden zu verstehn. »Wie Sie aus meiner Kartei ersehen können, bin ich Germanist mit Hochschulabschluß. Doch seit einem Jahr tut sich nichts. Ich schreibe mir die Finger wund. Die Antwort ist immer die gleiche. Unser Bedarf ist gedeckt.«

Der Herr in Grau seufzte verständnisinnig: »Ja ja, die Herren Personalchefs.« Er drückte die Tasten eines Personalcomputers und murmelte leise vor sich hin: »Tja, mein lieber Herr Mäuselfinger, ich sehe zur Zeit keine Aussicht. Beherrschen Sie Fremdsprachen?«

»Nunja, was heißt beherrschen. Des Russischen bin

ich einigermaßen mächtig, auch des Englischen und etwas Touristenblabla. Aber wie gesagt, ich bin Germanist.«

»Nununu, mein lieber Mäuselfinger, nicht aufregen!« Der Beamte reichte ein Schächtelchen Dragees herüber: »Nehmen Sie drei, Herr Antragsteller, und gleich schlucken, gut gegen Nervosität und erhöhten Blutdruck, durchaus magenresistent.«

Ich schluckte, und während ich still in mich hineinhorchte, formulierte der Herr die zweite Frage:

»Haben Sie Kinder?«

»Gottlob ja, ein Mädelchen und ein Bübchen.«

»Wie schön!« Der Amtmann erinnerte sich, daß er auch einmal Kinder haben wollte, aber seine Gattin, »Gott war die dünn, damals!« hielt mehr von Zurückhaltung – wegen der Zeiten. »Die Verführung war doch so groß in den glitzernden Schaufenstern, dann das Häuschen im Stadtwald, die Reisen, aus Statusgründen das Auto, ein Zweitauto, die ständig sich modernisierende Garderobe..., da wären uns Kinder im Wege gewesen. Nun ist es zu spät für uns, Sie verstehen.« Wir dachten einige Sekunden an die geborenen und nichtgeborenen Kinder und an den immer noch umstrittenen Paragraphen 218.

Der Herr in Grau war entschlossen, mir auf Biegen und Brechen zu helfen. Mit einer eleganten Bewegung holte er eine Flasche und zwei Gläser aus dem Schrankfach, schenkte ein: »Echter Lichtenberger. Letztes Präsent von einem zu Unrecht gefeuerten Wehrbeauftragten, der mir einiges zu verdanken hatte. Na dann, sehr zum Wohl, Herr Antragsteller!« Wir schnitten die gebotene Grimasse und schüttelten uns warm.

Der Herr Sachbearbeiter beugte sich vertraulich über den Tisch und raunte mir beschwörend zu: »Wie wär's mit einer Stellung als Vertreter in der Wirtschaft? Sehen Sie mal, die Zeitung ist voll von Anoncen. Sie sind doch ein gebildeter, sprachgewandter Mensch und verstehen als Germanist auch etwas von Psychologie?« In der berechtigten Annahme, daß ich des Lesens unkundig bin, las er mir mit Stentorstimme ein besonders ansprechendes Stellenangebot vor:

> WELCHER HERR HAT LUST, IM AUSSENDIENST UNSERER INTERNATIONAL BEKANNTEN FIRMA MIT INITIATIVE UND ENGAGEMENT SELBSTÄNDIG FÜR OPTIMALE PLAZIERUNG UNSERER MARKEN ZU SORGEN? NEBEN LEISTUNGSORIENTIERTEM FESTGEHALT, ÜBERDURCHSCHNITTLICHEN SOZIALLEISTUNGEN UND EINEM FIRMENWAGEN, DER AUCH PRIVAT BENUTZT WERDEN KANN, BIETEN WIR KOSTENLOSE EINSCHULUNG UND DIE MÖGLICHKEIT DES AUFSTIEGS ZUM REGIONALLEITER! SENDEN SIE BITTE IHRE AUSSAGEFÄHIGE BEWERBUNG MIT LEBENSLAUF, FOTO UND KOPIE ALLER ZEUGNISSE AN PERSONALABTEILUNG DER » *G U W A G* «, Gummiwaren A. G.

»Na, Herr Mäuselfinger, wär das nichts für uns?« Wie sich der Herr Sachberater für mich freute.

»Das ist sehr, sehr lieb, mein Herr. Aber von Gummiwaren versteh ich nun wirklich gar nichts.« Ich wollte eigentlich sagen, daß mir ganz übel wird, wenn ich nur daran denke, welche Sortimente ich in dieser Branche lobpreisen müßte. Doch ich spürte das ernste Bemühen meines Beraters und wollte ihn nicht kränken. Der graue Herr lächelte maliziös und drohte leicht mit dem Zeigefinger: »Sie Schalk! Seien Sie doch nicht allzu bescheiden. Von Gummiwaren versteht doch jeder Mann etwas, hahahaha!«

Er goß nach, las mir noch ein Dutzend Inserate vor, zeigte mir Dankschreiben von einstigen Bewerbern, blätterte in einer Mappe mit frisch eingegangenen Angeboten, telefonierte rundum und nickte mir beim letzten Gespräch verheißungsvoll zu: »Es klappt, mein Lieber!« Er nannte mich einen Glückspilz, umarmte mich freundschaftlich und geleitete mich zur Tür.

Draußen in dem langen Flur saßen und standen etwa hundert Arbeitsuchende, starrten dumpf, böse oder gar gleichgültig vor sich hin. Einer fragte mich froschblütig: »Dauert der Scheiß immer so lange?«

»Ja, wissen Sie, hier werden nicht nur Stellen vergeben, hier wird man auch beraten! Das Arbeitsamt ist eine soziale Einrichtung!«, belehrte ich den jungen Mann. Ein Schimmer Hoffnung spiegelte sich in den Gesichtern der Wartenden. Ich lächelte auch. Nächste Woche schon beginne ich bei einer renommierten Firma bei Zusicherung eines festen Gehaltes mit Nacht- und Feiertagszuschuß, mit kostenlosem Transport zur und von der Arbeitsstelle und mit ungeahnten Aufstiegsmöglichkeiten – als Angehöriger der Wach- und Schließgesellschaft!

Wie sagte doch mein Freund, der Herr in Grau?

»Dem Tüchtigen stehen alle Türen offen.«

Was ist es nur, was Frau Beate so unwiderstehlich macht? Ist es die Figur oder die elegante Lagerfeld-Kreation? Ist es ihr charmantes Lächeln oder ihre chamoise Luxuslimosine? Ist's der Reiz der reifen Frau oder der herbe Duft ihres Haares? Ist's die Anmut ihres Ganges oder die Heiterkeit ihrer Frohnatur?

Oh, wenn sie wüßten! Warum eigentlich nicht? Auch Sie können unwiderstehlich sein wie Frau Beate, wenn Sie Ihren Gästen Gewürzgurken Marke »Knackwurz« vorsetzen.

»Knackwurz«

nur echt mit dem

Spreewaldkahn!

In der Schallplattenabteilung

Meine Frau wünschte sich seit langem eine bestimmte Schallplatte. Doch als ich im Laden stand, hatte ich plötzlich den Titel vergessen.

»Wissen Sie wenigstens den Namen des Komponisten?«, fragte die Verkäuferin gelangweilt.

»Leider auch nicht mehr«, gestand ich kleinlaut. »Ich weiß nur noch, daß er ziemlich kurz war. Er kann aber auch länger gewesen sein.«

Die Verkäuferin zog hörbar Luft durch ihre lüsternen Nasenlöcher und fragte, mit dem Blick zur Decke: »War's vielleicht Bach?«

»Bestimmt nicht«, sagte ich, »den hätte ich behalten. Bach heißt mein Schwager, und der schuldet mir noch 100 Mark. Wie sollte ich das vergessen!«

»Handelt es sich um U- oder E-Musik?«

»Bitte was?«

»Unterhaltungsmusik oder ernste Musik«, drängte die schwergeprüfte Verkäuferin. Sie hatte wahrscheinlich ein Augenleiden, weil ihre Lider plötzlich zu flattern anfingen.

»Gewiß, das war es«, beeilte ich mich, zuzustimmen. Hinter mir erklang leises Volksgemurmel, doch die Verkäuferin preßte ihre Lippen zusammen und hatte sich tadellos in Gewalt.

Sie unternahm einen letzten Versuch, Kundendienst zu imitieren: »Können Sie wenigstens die Anfangstakte oder ein bekanntes Motiv daraus singen?«

»Hm, schon möglich. Aber muß das hier sein – vor allen Leuten? Ich habe seit meiner Schulzeit nicht mehr vorgesungen.«

»Sie müssen nicht«, sagte das schöne Fräulein mit

bewundernswerter Selbstdisziplin, »aber wie soll ich sonst erfahren, was für eine Platte Sie wünschen?«

»Wenn Sie meinen«, lenkte ich gutwillig ein und improvisierte das vergessene Musikstück: »Bam bam bam baramba bambambbaba bam bam bam baaa baaa babbabbabbabam ...«

Vor mir begann die Verkäuferin tiefsinnnig an einer Schallplatte zu kauen, und hinter mir drängte sich ein Herr mit Vollbart vor und redete lebhaft auf mich ein: »Ach, Sie meinen sicher das Motiv aus dem ... jeijei, wie heißt es nur, der Name liegt mir auf der Zunge. Ist ja egal. Bloß die Melodie geht etwas anders, so: »Mambabambabam babam babam, barararamm brambrambabam ...«

»Bringen Sie doch den Herrn nicht durcheinander«, mischte sich ein Schlanker mit Trotzköpfchenfrisur ein. »Sooo geht die Melodie: Traararaaa trarararaa, trararaaatrara rajaa ...«

»Jaja«, bestätigte ich erfreut, »so ähnlich geht sie wirklich. Aber nicht mit Traraaa, sondern mehr mit Bambam. Es spielte nämlich hauptsächlich ein ... na wie heißt denn das hier ... hier mit den Fingern spielt man es ...«

»Oh, Sie meinen eine Trommel?«

»Nein, so ein Klimperdingsda ...«

»Ach ein Klavier?«

»Jawoll, ein Klavier, so heißt es.«

»Na, sehn Sie«, wandte sich der Bärtige an den Schlanken. »Bambam ist einwandfrei Klavier, und Sie sagen Traraa. Sie bringen den Herrn durcheinander. Traraa ist Trompete, und Bambam ist Klavier. Der Herr hier hat völlig richtig empfunden und scharfsinnig interpretiert. Er hat Klaviergefühl!«

»Daß ich nicht lache«, wieherte der Schlanke barbarisch, »der Kunde hat doch soeben selbst bestätigt, daß meine Melodie der seinen am nächsten kam. Sie sind ein Banause...«

»Sagen Sie das noch einmal!« forderte gebieterisch der Bärtige und machte einige Lockerungsübungen.

Als die beiden Herren ihre Kleider wieder einigermaßen in Ordnung gebracht hatten, der Bärtige einige Bluttupfer entfernte und der Schlanke seinen Schneidezahn vergeblich zurechtrückte, kam ein Dritter vom Aussehen eines Preisboxers und sprach verbindlich:

»Ich und achtzehn Leute hinter mir verfolgten mit Interesse Ihren Schallplatteneinkauf. Ich war bisher noch nicht vorbestraft. Aber wenn Sie und die beiden Herren hier noch einmal zu singen anfangen sollten... die achtzehn hinter mir sind Zeugen.«

»Um Himmelswillen nein!«, schrie einer der achtzehn, stürzte nach vorn und fiel händeringend dem Preisboxer in die Arme. »Ich bin von der Konzert- und Gastspielagentur. Die drei Herren und die Dame sind engagiert! Sie müssen nur noch Gitarre lernen!«

Solche Zufälle spielt das Leben.

WERBUNG

Sind Sie schwerhörig? Haben Sie Gliedschmerzen? Gehen Ihnen die Haare aus? Haben Sie Alpträume? Unregelmäßigen Stuhlgang? Dicke Beine? Ständiges Völlegefühl? Läßt Ihr Geruchsinn nach? Ihre Potenz? Haben Sie nach 100 Stützbeugen Atemnot? Lampenfieber? Zu hohen Blutdruck? Zu schwachen Puls? Sind Sie leicht erregbar? Erschreckbar? Vertragen Sie Trüffel? Leiden Sie an ständiger Müdigkeit? Frieren Sie bei der Arbeit und schwitzen Sie beim Essen? Sind Sie Bettnässer? Bekommen Sie Krämpfe? Haben Sie Herzklopfen vor oder nach dem Beischlaf?

SIND SIE VERGESSLICH?

Dann vergessen Sie wenigstens nicht, noch heute den Versandhauskatalog »Kurt« zu bestellen! »Kurt« hat alles!

Wenn »**Kurt**« kommt,
vergessen Sie alle Ihre Wehwehchen!

So entstehen Gerüchte

»Ich sage Ihnen, Herr Rubbelmann, da ist was nicht in Ordnung. Es geht mich ja nichts an, und ich mische mich auch nicht in anderer Leute Sachen, aber ...«, Witwe Lochfinger hob ihre behaarte Oberlippe an Rubbelmanns Ohr: »Dreimal kam der Mann schon zu Ihrer Frau, und immer gegen Abend, wenn Sie zur Spätschicht müssen.«

»Reden Sie doch kein Blech, Frau Lochfinger«, erwiderte Rubbelmann. »Der Schaps ist Lehrer an der Volkshochschule und wird mit ihr was zu besprechen haben. Außerdem kann er meine Frau nur abends antreffen, wenn sie von der Arbeit kommt.«

Witwe Lochfinger tat beleidigt und entgegnete spitz: »Ich hab's nur gut gemeint. Aber wenn's heute Mode ist, daß Volkslehrer Frauen besuchen dürfen, sobald der Mann aus dem Haus ist ..., ich weiß nicht. Zu meiner Zeit war das eine Schande, jawoll, eine Schande, pfui!«

Rubbelmann ließ die Tratsche stehen und ging zur Arbeit. »Wenn die alte Vettel stirbt, muß man ihr Klatschmaul noch nachträglich erschlagen«, dachte er wütend und wollte nicht mehr an das Geschwätz denken. Aber hol's der Teufel, wie ätzende Säure fraß sich die widerliche Verleumdung in sein Gehirn. Obwohl er sich Mühe gab, dieser hechelnden Dorfzeitung kein Wort zu glauben, hakte sich immer wieder die Frage ein, warum seine Frau ihm nichts davon erzählt hat.

Rubbelmann erreichte das Werk, zog sich um und fragte seinen Kumpel Schmitt, mehr beiläufig als gezielt: »Sag mal Paule, wenn zu deiner Frau abends öfter ein Mann kommt, sagen wir mal ein junger

Mönch, welche Schlußfolgerungen ziehst du daraus?«

Schmitt sah Paule unendlich gütig an und fragte ungewohnt sanft: »Sonst fehlt dir nichts? Wie kommst du denn darauf?«

»Ach, weiß du, hähä, nur so«, wich Rubbelmann aus. »Ich hab da nämlich Balzac gelesen und Boccaccio gesehen, da macht man sich eben so seine Gedanken, nicht?«

»Na schön«, sagte Schmitt, »wenn du es unbedingt wissen willst! Dann tret ich aus der Kirche aus.« Sprach's und flüsterte einem anderen, der neben Rubbelmann arbeitete, zu, er solle ihn heimlich im Auge behalten. Mit Rubbelmann stimme was nicht. Entweder ist seine Frau mit einem Missionär durchgebrannt oder er liest zu viel die Bildzeitung. Der Kumpel verstand zwar kein Wort, nahm sich aber vor, Rubbelmann bei passender Gelegenheit auf den Zahn zu fühlen. »Er sieht tatsächlich blaß aus.«

Rubbelmann verrichtete automatisch seine Arbeit und schreckte erst aus seinen düsteren Gedanken auf, als der Meister seine Werkstücke nachprüfte: »Das ist doch Bruch, Karl, siehst du das nicht?«

Rubbelmann schrie wütend zurück: »Laß mich doch in Ruhe mit deiner Meckerei! Gib mir besseres Material, dann gibt's auch keinen Bruch. Ich bin unschuldig.«

»Unschuldig sind kleine Mädchen«, brüllte der Meister. »Aber wenn du nicht auf den Posten bist, dann geh zum Pillenheini und laß dir was geben!«

Rubbelmann nahm den Wink dankbar auf und ging zum Pillenheini, den er schon seit seiner Schulzeit kannte. »Heini«, sagte er, »ich muß dir mal was erzählen, ich hörte heute das Gerücht, daß eine Frau ...«

»Karl«, unterbrach der Pillenheini, »der Witz ist ganz anders. Du nimmst ja die Pointe vorweg. So geht er: In der Straße jejenüber ist ein junges Pärchen einjezogen. Und die war'n arm, dat se sich nich mal Jardinen leisten konnten. Dadurch konnten die Spanner unfreiwillich sehen, wat da so in Jang war. Det jing 'n paar Wochen jut, bis een Bulle sachte: He, Sie, ich war ja auch mal jung. Aber was Sie sich gestern mit Ihrer Gattin geleistet haben, so ganz ohne was! Darauf antwortete der junge Ehemann: Seh'nse Herr Wachtmeister, so entstehn Jerüchte! Jestern war ick nämlich jar nicht zu Hause, hahahaha! So mußte Witze erzähln. Wat haste denn?«

Rubbelmann ließ den Pillenheini plötzlich stehen, rannte wie ein Amokläufer durch die Halle in die Garderobe, zog sich um und raste nach Hause. Er kam gerade zurecht, als vor ihm ein Mann durch den Garten auf sein Haus zuging. Lehrer Schaps.

»Na warte«, knirschte Rubbelmann, »euch versalz ich das Schäferstündchen!« Er schlich auf leisen Sohlen ans Wohnzimmerfenster, das weit geöffnet war, und spitzte seine Lauscher. »Die Pointe schreibe ich«, dachte er und verfolgte gallig den mehr als aufschlußreichen Dialog.

»Na, Erna, sind wir uns einig?«

»Wir ja, aber ob der Karl damit einverstanden ist? Ich trau mich gar nicht, ihm das beizubringen.«

»Einmal muß er es ja erfahren, besser von dir als von mir«.

So ein Sauhund, dachte Rubbelmann. Verführt seine ehemalige Schülerin. Fünfzig Jahre alt und immer noch so ein geiler Bock. Er wäre am liebsten gleich durchs Fenster gesprungen, aber er wollte noch hören, wie weit sie die Schande treiben.

»Naja, länger kann ich's ihm ja nicht verheimlichen.

Irgendwie tut er mir ja leid, wenn er sich nächste Woche sein Abendbrot selber machen muß.«

»Erna, du lernst eine Menge dazu. Ich weiß, was ich sage.«

»Denkste!«, schrie Rubbelmann und sprang mit einem Satz durchs offene Fenster.

Am anderen Tage lauerte Witwe Lochfinger ungeduldig dem Rubbelmann auf: »Na, Herr Rubbelmann, stimmt es doch, daß Ihre Frau was mit dem Pauker hat«, stichelte sie hämisch grinsend. »Ich konnte alles von meinem Fenster aus sehen. Sogar, wie er eingestiegen ist.«

»Sehen Sie, Frau Lochfinger«, antwortete unsagbar sanft Rubbelmann, »so entstehen Gerüchte. Meine Frau nimmt nächste Woche an einem Abendkurs für Englisch teil, damit wir verstehen, was heute in den Zeitungen geschrieben wird. Und zum Fenster eingestiegen bin ich.«

Aber die Tratsche Lochfinger glaubte nicht daran: »Ach Englisch nennt man heute Gruppensex und so? Daß ich nicht lache!« Und sie lachte wie ein böses, gemeines Weib.

Vierteilen und verbrennen müßte man diese Hexe, dachte Rubbelmann, aber irgendwo in seinem Hinterkopf rumorte die unerträgliche Vorstellung ... und er entschloß sich, ab nächste Woche Frühschicht zu machen und ebenfalls einen Kurs an der Volkshochschule zu belegen. Aber in Französisch!

Der Mensch verdrängt Erinnerungen, die er in Wahrheit nicht vergessen kann. Und er vergißt, woran er sich nicht mehr erinnern will.

Ein altlastiger Notenwechsel

über unfreundliche Akte

Werte Frau Bollmann, indem meine Tochter krank war mit stechen im Laib, hat sie gefelt. Welches ich entschuldige.

Frau Wurzel

Werte Frau Wurzel!
Leider sehe ich keinen Grund, das Fehlen von Carmen zu entschuldigen. Eine Mutti unserer Klasse traf Ihre Tochter beim Frisör. Außerdem möchte ich bei der Gelegenheit Ihnen sagen, daß Ihre Tochter nicht gut riecht, kein Kind möchte neben ihr sitzen. Carmen hat unterrichtsmäßig viel nachzuholen.

Hochachtungsvoll!
Bollmann

Werte Frau Bollmann wenn einer Mutter nicht geklaubt wird ist es schlimm und ich sage nichts mehr. Auch sollen Sie meine Tochter nicht beriechen sondern was Lernen.

Hochachtungsvoll!
Frau Wurzel

Sehr geehrte Frau Wurzel!
Da Sie offensichtlich meinen gutgemeinten Rat mißverstanden haben, bitte ich Sie morgen um 15 Uhr zu einer Aussprache ins Lehrerzimmer.

Hochachtungsvoll!
Bollmann
Klassenleiterin

Sehr gehrte Frau Bollmann. Ich komme nicht und lasse mirnicht schigannieren.

Frau Wurzel

Maria-Hilf-Schule
Pforzheide

Sehr geehrte Frau Wurzel!

Wie mir die Klassenleiterin der 7a, Frau Bollmann, mitteilte, schicken Sie Ihre Tochter während des Unterrichts zum Frisör. Ich darf Sie darauf aufmerksam machen, daß ein unentschuldigtes Fehlen gegen das Schulpflichtgesetz verstößt. Bedauerlich, daß Sie der Aufforderung zur Klärung der Angelegenheit nicht Folge leisteten. Ich ersuche Sie noch einmal im Interesse einer guten Zusammenarbeit zwischen Eltern und Schule, am Montag, 14 Uhr, in meinem Dienstzimmer zu erscheinen, um uns über diesen Fall auszusprechen. Auch ein Mitglied der Elternschaft wird anwesend sein, ich denke, das ist auch in Ihrem Interesse.

Hochachtungsvoll
Scharff
Rektor

Da könne Sie lange warten, ich fahr zum Kreis und werde mir beschwören weil mann die stiche nicht klaubt und ich als wie eine Lügnerin gestembelt werde.

Frau Wurzel
Mutter

Schulamt des Kreises Neustadt an der Perle

Sehr geehrter Herr Rektor Scharff!

Am Montag erschien im Schulamt Frau Wurzel, Mutter der Schülerin Carmen Wurzel, Klasse 7a, in

einer Beschwerdeangelegenheit. Offensichtlich haben einige Ihrer Lehrer Kontaktschwierigkeiten zu Schülern und Eltern. Ich bitte um Erstellung eines ausführlichen Berichts über diese Vorgänge und behalte mir weitere disziplinarische Schritte vor.

Dr. Schaum, Schulamtsleiter

Maria-Hilf-Schule
Pforzheide

Sehr geehrter Herr Schulamtsleiter Dr. Schaum! Wie angefordert übersende ich hiermit den Bericht. Ich darf ergänzend hinzufügen: Die Erziehungsauffassung von Frau Wurzel sowie die ganze Atmosphäre im Elternhaus üben keinen gesunden Erziehungseinfluß auf das Kind aus. Wir haben deshalb festgehalten, einen Elternbesuch mit den Elternvertretern zu organisieren.

Hochachtungsvoll
Dr. Scharff
Rektor

Liebe Frau Wurzel! Können wir uns nicht einmal treffen? Vielleicht bei mir zu einem Kaffeestündchen? Was meinen Sie, was bei uns an der Schule seit Ihrem Besuch beim Schulamt los ist. Inspektionen, Befragungen, Sitzungen, ich bin ganz krank davon. Paßt es Ihnen morgen nachmittag um 16 Uhr etwa?

Freundliche Grüße!
Melanie Bollmann

PS: Carmen hat heute eine feine Arbeit geschrieben, sie kann, wenn sie will.

Nachtrag: das Gespräch zwischen Lehrerin und Mutter verlief im beiderseitigen Interesse und bestem Einvernehmen. Frau Wurzel betonte ausdrücklich: »Ich hab doch die Carmen mit die langen Zotteln nicht mehr sehen ge-

konnt, deshalb hab ich sie zum Frisör gejagt. War wohl nicht ganz richtig? Aber nischt für ungut, liebe Frau Bollmann. Hm, der Kaffee schmeckt. Jacobs Krönung, wa?«

Ich bin König geworden

Nach vielen Jahren bin ich nun König geworden. Was für eine Ehre, was für ein Gefühl, von Untertanen umschmeichelt zu werden und ihnen sagen zu dürfen, was sie für mich tun können. Ich bezahle sie natürlich für ihre Dienste. Leben und leben lassen – eine Devise, die allen Königen eigen ist.

Eine Welle der Sympathie und Huldigungen schlägt mir, dem neuen König, entgegen. Die Edelmänner des Reiches bieten mir, dem einstigen Untertan, dem Namenlosen der Geschichte, ihre Gefälligkeiten an: die Lotteriebetreiber ihre Lose, die Reisebüros wunderbare Reisen, die Versandhäuser günstige Preise, die Kaufhausketten alles und die Versicherungsanstalten sogar ihr Leben für mich. Sie überschlagen sich vor Eifer, mir zu gefallen, mir etwas zu schenken. O Jahrhundert der Lüste und Freundlichkeiten!

Ich bin kein Namenloser mehr. Mit persönlicher Anrede, auf feinstem Papier geschrieben, drängen mir unbekannte Herren Glück und Wohlstand auf. »Jedes 2. Los gewinnt garantiert!« lese ich mit heißen Wangen. Ein kleiner Obolus sei zwar zu entrichten, und schon fließen mir Hunderttausende, ja Millionen Deutsche Mark ins Haus. Träume, die ich nicht zu träumen wagte, werden wahr. Es ist eine Lust zu leben!

Ich bin König – wir sind Könige. Wohnungssuchende – auf euch harret ein Häuschen im Grünen! Sozialempfänger – lasset fahren dahin die bitteren Bittgänge! Gebrauchtwagen stauen sich auf den Halden, rosten an stillen Wegen, heben den Wasserspiegel romantischer Weiher, denn: wozu das Sparkonto plündern, wenn bunte Illustrierten mit puppenleichten Preisrätseln dir eine funkelnagelneue Luxuslimousine verheißen. Greif nur hinein ins volle Wohlstandsleben. Wer nicht am Leben bleibt, kommt zu spät. Der Ruf der Straße: »Gebt uns eure Millionen!« findet ein wohltätiges Echo bei allen Bänkern des Landes. Drauf und dran, nicht so schüchtern, liebe Königskinder!

Wir sind Könige. Weißt du noch, du lächerlicher Zwerg Laurin, wie du zaubern und Wunder tun mußtest, um dein Dach über dir notdürftig zu flicken, um sickernde Abflußrohre zu dichten, Geräusche zu dämmen, dich in Gewerken zu üben, von denen du keinen blassen Schimmer hattest? Weißt du noch von den weiten Wegen übers Land auf der Suche nach Werkstoffen und Ersatzteilen jeglicher Art? Da hattest du noch Könige über dir, die dich wissen ließen: du bist ein Wurm. Du lerntest kriechen, und deine schleimige Spur endete oft genug im Vorzimmer der Behörde oder im Vorgarten des Meisters.

Nun bist du König! Ein Anruf, ein Wink, ein Schnipser, und sie eilen zu dir, die neuen Untertanen: »Womit kann ich Ihnen dienen?«, »Haben der Herr noch einen Wunsch?« Du mußt nicht mehr andere Hände waschen. Brauchst keine Präsente mehr zu überreichen, keine Neujahrskarten zu verschicken, um dich in Erinnerung zu halten. Mußt dich nicht überschwenglich für jede Dienstleistung bedanken. Kannst aufrechten Ganges ins Restaurant gehen, wirst nicht mehr plaziert, dafür bedient wie Gott und König in Frankreich. Du mußt natürlich zahlen, plus 14 Prozent Mehrwertsteuer wenn nicht noch mehr. Ein Klacks!

König, der ich bin, habe ich nunmehr auch das Recht zu reisen, wohin mein Herz begehrt. Kann mich auf eine Insel flüchten, umspült von weißen Haien und kaffeebraunen Mädchen mit hüpfenden Brüsten und wiegenden Hüften. Spottbillig! Kannst in eisigen Fjorden die Nordlichter zählen und unter Spaniens Himmel den Arsch bräunen. Spottbillig! Kannst an den Biwakfeuern kanadischer Indianer die Friedenspfeife rauchen oder in den zerbombten Städten am Zwischenstromland die Wirkung des Waffengeschäfts fotografieren. Nimm deine liebste Luise und steig mit ihr in die Gondeln Venedigs, den teuersten Taxis der Welt!

Du kannst aaales. Bist nie abgeschottet, nie allein. Auch nicht in der Fremde. Nichts sollst du in den Ferienparadiesen vermissen. Wo du auch hinkommst, hörst du, siehst du, schmeckst du Heimat:

Deutsche Bräuche, deutsche Sitten,
deutsche Bäuche, deutsche Titten,
deutsche Laute, deutsche Zier,
deutsches Essen, deutsches Bier.
Wenn du willst, auch deutschen Quark,
denn du zahlst mit deutscher Mark.

Willst du nicht reisen, bleib zu Hause. Als König wirst du überall höflich empfangen. Gehst du in ein Nobelgeschäft, wirst du umflirtet von Damen mit strahlendem Kukidentlächeln: »Was kann ich für Sie tun?« Ob du Parfüm kaufst oder Käse – »Ich gratuliere Ihnen für Ihren guten Geschmack.« Kostet vielleicht ein bißchen mehr als im Supermarkt, aber Höflichkeit gibt es ohne Mehrwertsteuer.

Ist dir der Rummel um deine königliche Hoheit lästig, geh in ein Kaufhaus. Das Personal ist gehalten, dich nicht zu sehen, also auch nicht zu bedrängen. Es wimmelt dort ohnedies von Königen, deren Wohlbefinden und Sicherheit von elektronischen Kameras überwacht wird. Dafür kriegt man auch alles, fast aaales. Wahnsinn!

Nur – eine winzigkleine Gegenleistung wird von dir erwartet. Du mußt immer einen Pfennig mehr besitzen als du verbrauchst. Auch dem König KUNDE wird nichts geschenkt.

Mit freundlichen Grüßen

Sehr geehrter Herr X, ...
. . . .
. . . .

Mit freundlichen Grüßen

So beginnen viele Briefe, und mit freundlichen Grüßen enden sie. Doch was dazwischen steht, hat weder mit Verehrung noch Freundlichkeit zu tun. Herrn X wird nämlich im schönsten Kanzleideutsch die Kündigung seines Arbeitsverhältnisses ausgesprochen. Er wird ins Abseits gestoßen, in die Vereinsamung, die Verzweiflung – mit freundlichen Grüßen.

Herrn X's Selbstachtung bröckelt, langsam, aber sicher. Er grübelt: Reichen mein Wissen und Können heute nicht mehr aus? Bin ich zu dumm? Hab ich zu wenig Erfahrung nach 25 Arbeitsjahren? Was hab ich falsch gemacht? Was wird mir angelastet? Wem bin ich im Wege?

Noch spricht Herr X nicht darüber. Noch läßt er sich im Kreise der Familie nichts anmerken. Sollen seine Kinder vielleicht sehen, wie hilflos er sich fühlt? Soll er jammern, schimpfen, fluchen, Verwünschungen ausstoßen? Gegen wen? Es sind so viele, die es verdienten, zu wenige, die es berühren würde. Herr X wahrt den Schein der Zuversicht: »Müssen eben darüber hinwegkommen. Wird schon wieder besser werden«. Herr X begegnet seinen Nachbarn wie immer, spricht übers Wetter, die stolzen Preise, die hohen Steuern, die Kinder, die Schule . . ., spricht nicht über seine Sorgen. Wozu auch! Jeder hat Sorgen. Jeder ist sich selbst der Nächste. Der Nachbar ist froh, daß er darauf nicht angesprochen wird. Nur kein Mitleid! Mitleiden ändert nichts.

Herr X blättert täglich in den Zeitungen, liest Inserate, streicht dieses und jenes an, schreibt, telefoniert, hört freundliche Absagen: »Ist leider zu spät, zuviele haben sich beworben. Vielleicht versuchen Sie es mal bei . . .«

Herr X geht zum Arbeitsamt, reiht sich ein in die Schlange der Wartenden. Die meisten schweigen. Jeder hat mit sich selbst zu tun. Herr X sieht einen, den er kennt. Man nickt sich zu, man braucht sich nichts zu sagen – das gleiche Los. Herr X ist »der Nächste«. Er weiß die Antwort im Voraus: »Tut mir leid, Herr X, aber Sie sehen ja selbst . . .«. Man rät ihm, sich umzuschulen. Aber bring einem alten Kater das Zwitschern bei, wenn keiner sagen kann, ob zwitschernde Kater gefragt sind.

Herr X beschäftigt sich. Es gibt manches zu reparieren, wozu er früher keine Zeit hatte. Er spielt mit den Kindern, fragt nach ihren Schulaufgaben, schaut in die Schulbücher, die er noch nicht kennt. Herr X versorgt den Haushalt, ungeschickt, zeitaufwendig, übertrieben pedantisch, wozu seine Frau keine Zeit hat. Aber er sitzt abends, wenn sie von der Arbeit kommt, mit ihr in der Küche. In Küchen wird das Wichtigste besprochen: Was gibt es Neues? Was liegt an? Im Licht der hellen Küchenlampe wird gerechnet: Wenn wir im Monat so und soviel ausgeben können, müssen wir die höheren Ausgaben für Miete, Licht, Wasser, Wärme, Versicherung, Steuern, Zeitung, Rundfunk, Fernsehen, Fahrpreise, Post und und und bedenken; wenn wir in Betracht ziehen, daß die Kinder wachsen, Schuhe und Kleidung brauchen und auch ein kleines Taschengeld ..., wenn wir außerdem nur dort das Lebenswichtigste kaufen, wo es am billigsten ist, dann ..... Also noch mal von vorn. Familie X lernt rechnen, muß rechnen, bei allem Verzicht auf Extras reicht es vorne und hinten nicht.

Herr X hält es zu Hause nicht mehr aus. Die Decke fällt ihm auf den Kopf. Er muß hinaus. Er geht an Geschäften vorüber, die vor Überfluß bersten. Aber der Kaufrausch ist vorbei. Zwangsläufig. Herr X braucht Menschen um sich. Er geht in eine Kneipe, findet einen, der sich ansprechen läßt. Sie trinken und reden, reden und trinken. Alkohol lockert die Zunge, Alkohol vernebelt für ein paar Stunden die Sorgen, »Alk« tut mal richtig gut. Darum: »Noch eine Lage, Herr Ober!«

Herr X kommt nach Hause. Seine Frau riecht und sieht, was mit ihm los ist. Sie macht ihm Vorhaltungen. Aber »Alk« macht auch aggressiv. Ein Wort ergibt das andere. Die Kinder hören es, das jüngste weint, die älteren verlieren Maßstäbe, lassen sich gehen, sind lustlos. Wozu lernen, wenn man nicht weiß wofür? Familie X bekommt einen Brief vom Klassenlehrer: »Ich muß Ihnen leider mitteilen, daß Ihr Sohn .... Mit freundlichen Grüßen!«

Herr X geht weiter zu den Ämtern, ist höflich, bescheiden in seinen Anfragen, zeigt Verständnis für das schwere Amt der Angestellten. Herr X wartet und wartet auf die gute Nachricht. Die Nachricht bleibt aus. Ämter sind nicht da, um gute Nachrichten zu übermitteln, Ämter haben zu funktionieren fürs Gemeinwohl, nicht für X, Y oder Z. Herr X wartet auf ein Signal, das ihn und hunderttausend andere auf die Straße ruft, wie im Jahr 89. Das Signal kommt nicht, und käme es, würden jene, die noch Arbeit haben, ihm nicht folgen. Man will seinen Job nicht leichtfertig aufs Spiel setzen. Außerdem: Demonstrationen von unten sind anzumelden, es gibt ja schließlich eine Rechtsstaatlichkeit.

Nun ist er am Ende, der Herr X. Er erträgt die Demütigung nicht mehr. Er fühlt sich degradiert vom selbstbewußten Bürger zum Bittsteller für das menschlichste aller Menschenrechte, nämlich arbeiten zu dürfen.

Frau X bekommt an dem Tag, als ihr Mann von einem randalierenden Schlägertrupp zusammengeschlagen wurde, auch einen Brief: »Sehr geehrte Frau X. Im Zuge der Abwicklung entsprechend der Entscheidung der Treuhand ist Ihr Arbeitsverhältnis mit dem 30. 7. als beendet zu betrachten. Mit freundlichen Grüßen.

Sie weint nicht, es fröstelt sie nur. Es ist kalt geworden in dem Land, das ihre Heimat ist.

Armer, armer Adam du!

Da hat der Herr am Muster eines Affen
den ersten homo sapiens erschaffen.
Du guter, alter Bastler du,
dein erster Mensch war deine letzte Ruh!

Nun legte Adam sich im Paradiese schlafen,
da ward aus seiner Ripp das Weib erschaffen.
Du armer, armer Adam du,
dein erster Schlaf war deine letzte Ruh!

Die beiden liebten sich wohl Tag und Nacht,
das hat den Herrn auch um den Schlaf gebracht.
Mit Schimpf und Schanden er verwies
Adam und Eva aus dem Paradies.
O, hätt' er's nicht getan, denn so entstanden
die ersten Emigranten

Nach einem Epigramm
von Matthias Claudius

Inhalt